All Voices from the Island

島嶼湧現的聲音

春日的偶遇

白色恐怖、我的阿公黃溫恭與家族記憶追尋

張旖容、林傳凱＿＿＿著

目次

推薦序——梅杜莎的微笑

胡淑雯

在距離臺北八千九百公里的城市上空，見到無論在哪都彷彿同樣的彩虹，總給我莫名的宿命感。當一個人知道自己很渺小，反而會心生謙遜，因而感到幸福。在這樣的時刻，身為女兒的我，會想起母親艱辛的一生，她如何在四歲那年，成為一個沒有父親、沒有前程、小學畢業後無法升學、跟著媽媽去城市打工的女孩。她的人生，早在我外公被捕的一九五一年就已然決斷。這決斷也決斷了我。她用盡全力將自己的女兒「往上推」，推離自卑、推離自身的階級、推向「有文化」、「讀得懂英文菜單」的那一邊。我父母一生用力最深的事業，可以說，就是讓女兒踩著自己往上爬。張旖容跟我一樣，是所謂的「三代」，但我們的故事完全不同。果然，每一個家庭的「不幸」都長得不一樣。

張旖容來自一個社會地位很高的家族，於是，個體的「成就」成為對抗政治創傷的武器——你必須要強、你必須要贏、為了證明我們不是次等人，每一個人都必須變成上等人——張旖容的人生，在母親的命運被決斷的一刻，也被決斷了。政治創傷向內擠壓，向下遞延，形成母親對女兒的暴力。

母親，是張旖容的梅杜莎，一旦直視母親、試圖書寫母親，女兒就會固化成石。這樣的失語狀態，體現了這份書寫的困難。在閱讀的過程中，我隱隱感覺，張旖容或許是為了瞭解母親，而開啟追尋外公的旅程——既然直視母親會令我固化成石，那我就以外公的故事為鏡，折射繞道，匍匐前進。在這趟繞道的旅途中，張旖容研究創傷繼承的問題，書寫關於親代環境影響代間傳遞的論文，甚至嘗試從基因研究的角度，解釋創傷壓力如何經由懷孕的過程，遞送至下一代。這樣的問題意識，顯然來自於：外公黃溫恭被捕的時刻，母親黃春蘭正在外婆的肚裡。她是遺腹子。然而，從事文學工作的我，難免在字裡行間，被那些頓挫的「欲言又止」吸引著。張旖容的失語中藏有豐饒的空白，流淌著洶湧的血淚（血淚一詞在此，絕非隱喻或隨手撿來的形容詞）、愛憎的伏流、死亡的威脅、與自救的掙扎。這是張旖容獨特的帥氣：在政治受難者的家庭裡，我們有自己的黑暗面。

我的媽媽有情緒問題，童年到青春期她經常打我。旖容的媽媽也是。但兩個媽媽打人的理由不一樣。我媽打我是因為她狀況不好，旖容的媽媽打她是因為她「不夠好」。後者的殺傷力更強。因為那涉及控制欲，以及更根本的，對女兒的否定。讀來觸目驚心，張旖容舉重若輕。而她倖存與超越的方式，似乎包括，讓母親與我一起追尋外公的身分與故事吧。於是她行動。積極地行動。找政治檔案，公開外公被蔣介石改判死刑的文件；發現外公臨刑前其實寫了遺書，但遺書竟然沒有送達家屬手中。她們投書、開記者會，討遺書也討公道。一路下來，受難者家屬的身分已不足以窮盡她們的決志，女兒與母親雙雙成為行動者，彷彿冥冥之中似有那麼一種，足以稱之為「庇佑」的力量在守護著。至少，這一口氣，是「沒有黃溫恭就不可能盛放」的一口氣。

在這趟長途跋涉的精神壯遊裡，張旖容遇見了林傳凱。他成為她一路上，最重要的陪伴者。他叫她鐵蛋，兩人經常損來損去互丟爛哏。愈是艱困的路，愈是需要笑料，而嚴肅與真實之間，並不存在正相關（多少虛偽的人是嚴肅專家……）。林傳凱是一個精力無窮、堅持不懈的研究者，以重構一九五〇年代「地下黨」的「一切、可及、細節」為職志。他是一個界線分明的人，而他進退的判準在於：你對白色恐怖的「興趣」、「好奇」或「關心」，究竟是出於對「真」的渴望，抑或，在時代的浪潮下追逐「機會」與「機會財」。

態度決定了一個人怎麼看見，可以看見什麼。態度就是觀點。

在大眾化、通識化、以及「包商化」了的白色恐怖敘事裡，我們傾向談論國家暴力與政治創傷、無辜的受難者與文人的讀書會、理想主義與淑世情懷。在英雄與犧牲者的故事裡，有崇高、有感動、有追求不完的公理與正義、與看不見過程的和解與療癒。於是，某些重要而根本的線索被濾鏡修掉了：比如說，一九五〇年代的死刑犯與重刑犯，絕大多數，是地下黨員；這地下黨不但是共產黨，還是「中國」共產黨。

共產黨是另一個梅杜莎，讓人轉身迴避，以免固化成石。林傳凱的工作是解除魔咒，讓我們正視梅杜莎，如同正視黃溫恭：他是共產黨員，他曾經自首，他既非全然「無辜」也不是英雄。他是一個人。——這不是一個讓人安心的故事，也不是一個討人喜歡的故事。然而，在這樣的故事裡，有眾人言之爍爍熱愛的「真實」。恐懼與妥協，跟勇氣與抱負同樣真實。個體在高壓底下的防線崩潰，與堅忍不屈同樣真實。被歷史、被死亡捕捉的人，從不可能預知自己，能否通過考驗。

然而，媚俗是權力的好朋友，是「記憶與遺忘的中途站」，[1] 它決定眾人該記得什麼、不記得什麼。它決定眾人該感動什麼、怎麼感動，什麼時候該哭、什麼時候該笑。它不讓我們記住它不想記得的事。在媚俗的中介下，我們滑手機，追蹤、按讚送愛心，看短片、追劇、看電影。在媚俗的中介下，我們追悼，並且相互拷貝追悼的語言。

記憶如何不被工具化？那些曾經活生生的青年，要如何復原成一個個立體的人，而不是英雄豪傑與紀念碑？記憶要怎麼抵抗媚俗的誘惑？它這麼漂亮、這麼受寵、這麼成功、這麼賺錢。這是梅杜莎為我們這些「後來者」立下的難題。此刻，我們還在半路上，在旅程的中途，在媚俗甜美、壯烈、與溫柔的微笑中，時而自欺，時而清醒。

注釋

1 語出米蘭．昆德拉《生命中不能承受之輕》。

推薦序——春日復始，萬象更新

吳曉樂

請容許我先承認一件往事。

讀大學時，身邊兩位朋友，姑且稱為小明跟小華吧，兩人起了頗嚴重的爭執。我原本以為無非就是人跟人之間，慣常的、因親暱而生的嫌隙，等我找小明釐清始末，一時也呆住了。總之，小明跟小華不知怎麼地聊到白色恐怖，小明也承認，他的確漫不經心地說了一句，無論如何，都過去了，實在不知道現在有什麼必要一直談這議題。豈料小華竟生氣了，怒斥小明這樣的態度很過分。我遇見小華，說了一些也不怎麼靈光的話，大致是，有必要為了這麼久遠的事，把朋友說成這樣嗎？小華並不想談這件事的樣子，草草打發了我。過段時間，我再問小華，有必要這樣嗎？這次，小華說話了，我至今仍記得他抹了抹臉，語氣裡沉沉的倦怠，他說，直接告訴你們，我們家有一位親戚就是因為白色恐怖走的，我小時候也被瞞著，這幾年大人才多講一些。

聞言，我腦袋燙得不得了，要比擬的話，大概像是影像藝術所謂的「打破第四面牆」，看戲看到一半，演員冷不防轉過臉來，凝視著你，跟你說話，你這才後知後覺，自己也是戲的一部分。就像我以為我跟歷史隔著距離，殊不知我的無知與冷漠也被納入歷史的一部分。小華堅持不讓我將「內幕」轉告給小明，理由是，他有股預感，會提問「有什麼必要」的人，終究是不會懂的。我只好看著兩人就這樣「不好」了。日後，小華隨伴侶遷到國外定居，我跟小華也斷了聯繫。若說這事對我造成什麼影響，就是之後我對白色恐怖的題材相當留意，也許內心隱約有歉疚，再來一次，必不要讓小華，或處境相似之人失望。

約莫五、六年前，我在網路上知悉了旖容，她常發表文章，談健身、談親密關係、談女性經濟獨立，論述輕快、清晰且幽默，我深受吸引。待我跟旖容搭上線，她告訴我，她也書寫部落格「往事並不如煙」，我頓時一怔。《無法送達的遺書》於二〇一五年出版以來，始終在我書櫃顯眼之處，沒想到其中羅毓嘉執筆的章節，主角黃溫恭醫師竟是旖容的外公。我不得不驚嘆緣分之神奇。

兩年前，疫情嚴峻，旖容帶著她跟先生的愛子「小起士」自英國返臺，我們相約在左轉有書餐敘。旖容談起書寫的種種困難，如同她在序的自述，寫作跟育兒，都要求絕對的專注，她必須有所取捨。另外一事是，書寫，特別是從「亡者」開展的書寫，往往像某種降靈會，難以確認究竟是誰回應了你的召喚，有時歸返的訊息會落在家族的「共識」之外，旖容既擔心資料蒐集不齊，也猶豫著裁剪的技藝。在迂迴的幾次繞圈之後，旖容終於進入正題，在書寫的起點跟終點之間，還有更隱密幽微的心事——她跟母親的情結。旖容陷入失語狀態似地定定注視著我，從緊咬的牙關，吃力擠出她的告白：「母親對我的管教，很嚴格，我一直……想著逃離。」然而，我並不是從旖容的陳述感知到背後旋緊的張力，而是從她臉上那明顯的掙扎和痛苦。旖容稍微收拾情緒，繼續說下去，她試著以「表觀遺傳學」的學術專攻，與個人的生命體驗，進行組織與耦合。

今年初秋，我拿到完整的書稿，這才明白旖容行經怎樣的生命幽谷。

該怎麼建構出黃溫恭完整的境遇？在遇難之前，他是一名怎樣的少年？他被日本人徵調到東北滿洲國擔任軍醫，親睹蘇俄侵略、國共內戰，輾轉回到臺灣又遭逢二二八事件，這一連串的事件如何在他的內心投下光影，又是如何讓他成為一位在槍決前，疾筆寫下「我的死屍不可來領。我希望寄附臺大醫學院或醫事人員訓練機關。我學生時代實習屍體解剖學得不少的醫學知識。此屍如能被學生們解剖而能增進他們的醫學知識，貢獻他們，再也沒有比這有意義的了」的人物？他的遇難，又在妻小的內心植入怎樣的心理動力？旖容的舅舅跟母親，同為黃溫恭子女，政治立場卻有天壤之別，旖容跟母親立場相對近似，偏偏母女關係又很是緊張。書頁翻動，我反覆想起那個夜晚，道別前旖容的結論，白色恐怖絕非一個時代的事，創傷會狠狠刻進基因裡，以我們看不見的形式無聲傳遞，至子代，至孫代，她的人生就是最清楚的見證，被政府嚴密控管的母親，反過來嚴密控管著旖容的人生——旖容也付出了代價。我忍不住暫擱書本，猜測，旖容在落筆這個結論的過程中，內心得經過幾度的扭擰？

隨著時序，旖容交出自己版本的黃溫恭：黃溫恭的確對時局不滿，而有改造社會的抱負，進而加入地下黨。他不是我們在討論白色恐怖時，更容易付予同情的「冤錯假案」。在此，旖容採用另一條晚近才日益受到正視的路徑，「縱然如此，他們的審判仍須受到檢視。」我想起作家陳雪的《無父之城》，陳雪伴侶早餐人的爺爺是白色恐怖受難者，透過林傳凱（即本書共同作者）協助調閱資料之後，陳雪面臨跟旖容類似的處境：證據在在顯示，長輩當初的作為，並不似親族描述得如此輕淡。該如何調度黑與白來描述「灰」？真相跟和解這對雙生子如何若即若離？我想借用旖容的話，「你是不會形容最親密的人偉大的，偉大是帶有距離的修辭」，從頭至尾，對於這位無緣見上一面的外公，旖容追求的是「親近」，之中必然有慕愛，但也有對「意料之外」的接納與寬諒，如同陳雪受訪時所說，「在檔案裡明白了他（爺爺）的過去，我們也沒有因此不尊敬他。」

旖容最後寫給外公的家書，更是令我動容，不僅有思念，也有細細的埋怨。我想像旖容這一路行來，如同拿著探照燈步入幽長隧道，再怎麼使勁揮動探照燈，永遠不可能同時照見洞穴全面，即使如此，仍得胸懷意志，盡可能地讓光拂經每一角落。她找的不僅是外公黃溫恭，也是受難者黃溫恭。在她的執著下，黃溫恭，終於得以一個完整的主體，現身於讀者面前。明明現實的氣溫正要緩緩下降，我瞇起眼，卻彷彿置身南國的春天，且天氣晴。

作者序——天堂路

張旖容

二〇〇八年，我找到外公（本書稱阿公）的遺書、認識傳凱。二〇一八年，傳凱和我都在這一年博士班畢業，他找我一起寫下這十年——關於阿公和我尋找他的旅程。

我從答應書寫開始，就知道這是條只有我能走的天堂路，但我從沒想過要放棄，我知道我必須、也有能力寫完這本書。不過此時，我已結婚生子，身為家中幼兒的主要照顧者，要在書寫與母職身分之間切換，是困難的。

書寫必須投入自己，如同干將莫邪以身鑄劍，若無融鑄自身便無產出。然而母職恰是投入的反面，你必須捨下自己，順應著嬰幼兒的需求生活，兩者間從來就沒有什麼兼顧，只有取捨和外包。對我而言，寫作這本書的另一個挑戰是我要如何不在情緒漩渦中滅頂？拜疫情所賜，伴侶的工作從進辦公室轉成永久在家工作。和他同處在家中的不同空間，讓我總能在需要時即刻從他身上得到力量。也曾發生過，我在廁所找到正在刷馬桶的他，跟他說I want抱，他放下清潔用品，轉身給我一個緊緊的擁抱，讓我的淚沾溼他的上衣。我們在浴室抱了五分鐘，他吻了我的額頭，我緩過氣來給他一個吻，回到書桌前繼續我未完成的書寫，他繼續刷他的馬桶。

伴侶主動分擔家中多半的庶務，又接住我的一切情緒起伏。每天，我總是可以在他哄小孩睡覺後，和他一起待在床上，告訴他我今天的進度，我常常說著說著就哭了，也或者，先哭完才繼續說下去。他總是在這時候接納、同理、認可所有的我。我總是躺在他身上哭，他會給我帶有溫度和力量的擁抱，告訴我他愛我，我做得很棒。透過這些微小的、重複的日常，我穩定了自己的非日常，讓我能日復一日投身回到追尋家族記憶的時空，在史料、家族故事和個人記憶與情緒間來回。

除了伴侶的支持，我亦尋求專業協助，確保我在書寫的旅程中能平安靠岸。我參加八週MBCT正念冥想課程和長達近一年的一對一心理諮商，讓專業諮商師和正念技巧陪著我去梳理這些情緒和議題。這條漫漫長路我一走就是五年，我有時走得快些，有時慢些，但我從未想過放棄或停下。此書，就是這些年來的結果。

本書獻給所有政治受難者家屬們，第二代、第三代甚至第四代。受苦的人從來就不只有政治受難者，第二代、第三代們無從選擇，卻必須共同承擔苦難。我不會說一切都很好或是一切都沒事了，但我們在這裡，始終都在，不曾離開，我們會繼續向前走。

一——春日的偶遇

二〇一〇年初，我收到英國博士班的入學通知，數月後將離臺。聽到好友Lynn要開車環島、沿路訪友，我也想於出國前在臺灣多走走看看，便中途加入他的環島行程。他從臺北出發走西半部南下到高雄墾丁，再從東部北上，我從高雄前往墾丁會合，與他同行一段路。

車剛行過枋寮，我看見春日鄉的指標，提議開過去看看。阿公生前的最後一份工作是春日鄉衛生所主任醫師，我想知道他人生最後幾年是在怎樣的地方度過。一九五二年九月阿公在屏東縣春日鄉被捕後，送到了臺北的保安司令部，再也沒有回來。

春日鄉在中央山脈南段，百分之九十五的土地都是山地，鄉內的行政中心在春日村，鄉公所、春日國小和衛生所都在春日路上。我們沿路順著指標開上山倒也好找，這是個排灣族村莊，入口處有大大的排灣族雕塑和一幅木刻的村內主要道路和地標圖，村內四處可見排灣族石板屋上嵌著木雕的窗戶和門片。我在衛生所前停下，拍了幾張照。春日國小校舍非常新，有玻璃屋般的圖書館，牆上裝飾著排灣族的壁畫和雕塑。

正苦於不知從何找起時，善於和陌生人交朋友的 Lynn 提議去當地教堂，我們問了在教堂外閒聊的人，誰有可能知道當年阿公任職衛生所時的情況？對方推薦去找村長的媽媽高杏桂女士，她是當時衛生所的護理長。

我們照著教堂熱心人士指點的路到村長家敲門，村長家門上掛著匾額，門外還有涼亭和桌椅可供乘涼。村長媽媽高杏桂正好在家，她出來和我們坐在屋前的椅子上講話。高女士一頭黑髮，看起來只有五、六十歲，比實際年齡年輕。她一開始有點困惑我們是誰？我解釋，我的阿公是黃溫恭，先前曾在這邊的衛生所當醫師，請問她是否認識？她說知道，他那時候當衛生所主任很凶的。她的中文說得不太連貫，不知是平日較少使用中文或是不太記得當時情形。忽然間完全無預警的，她轉頭對著友人Lynn講起日文，就這麼巧，Lynn在他過去名列中華民國黑名單的二十五年間長年旅居大阪並精通日文，他們之間進入了我完全不懂的日文交談。我不知道高女士是如何判斷來敲門的這個美國人會日文的，她完全沒有問過Lynn會不會，就直接對著他用日文講話。

他們交談到一個段落，Lynn再翻譯給我聽，斷斷續續的談話中，高女士提到阿公當年有個雞寮。

她說：「那時候黃醫師很凶的，他的雞寮除了他自己，誰都不能進去，連太太都一樣，靠近就會被罵。黃醫師有時候會在雞寮過夜，他不見的那天也是睡在雞寮，太太一直到隔天早上起床找不到人，才發現出事了。」

後續黃醫師再也沒有回來過，太太也帶著小孩離開，她不清楚之後發生了什麼事。

我們離開前，Lynn忍不住問高女士，「我看起來像日本人嗎？」高女士很肯定地說：「對。」我在一旁充滿問號，Lynn則是在竊笑。Lynn的外型明明就比較像耶誕老公公，一個白髮白色大鬍子的美國白人，到底哪裡像日本人了？事後我和朋友提起這段故事，朋友猜測，也許高女士當時並不是真的在和我或Lynn對話，而是我們的問題帶她回到了過去，她自然而然用當時慣用的日文說起當年。幸運的是，懂日文的Lynn成為她過去回憶的承接者，可以回應她，讓她繼續說下去。

Lynn的母語是英文，中日文皆是他成年以後自學而來。他說他的日文在電話中無法瞞過日本人，但他在電話中說中文有時能讓對方以為他是臺灣人。而高女士直接認為他是日本人，也算是對他日文能力的肯定吧！

按照高女士的意思，雞寮是可以睡（躲）人的，但沒有更進一步的證據指出阿公是否真的曾經在那裡藏了誰？答案也許只有阿公自己知道，至少從筆錄中看來，阿公完全沒有提到任何跟雞寮有關的事。

當時，我已從檔案局申請到阿公臨刑前的遺書影本和判決書、筆錄、自白書等相關檔案，正在向國家爭取遺書正本返還。我想知道關於阿公的一切，但線索少得可以，看到蜘絲馬跡我都想要抓住。據說當時的衛生所位置是現在的鄉公所資源回收場，事後我也將春日鄉衛生所和家族中唯一可能有印象的舅舅分享，舅舅表示面貌全非，和腦海中的記憶對不起來。

我們下山後依舊覺得這是段奇幻的旅程，從臨時起意開上山去、找到還記得阿公的相關當事人，到對方突然轉用日文、而剛好同行友人又能應答如流。一切都不在計畫之中，卻又發生得這麼自然，多年來尋訪阿公的旅程中，這是我一直縈繞心頭的珍貴片段。只要是真心想做的事情，總會有天意助我一把，如同這次旅行一般。當時我們都沒預料到的是，Lynn 在數年後診斷出癌症過世，要重現這趟旅行是再也不可能了。

Lynn Miles（一九四三至二〇一五），美國人，中文名梅心怡。一九六二年初次來臺學習中文，一九七〇年代他活躍於救援海外政治犯的那段期間我尚未出生。我與他相識於二〇〇九年綠島的人權活動，當時他定居桃園龍潭，全臺各地都有他相識的朋友，才有了那趟環島訪友之旅。

黃溫恭（一九二〇至一九五三），一九五〇年三月至一九五二年九月任春日鄉衛生所主任。一九五二年九月二十三日被捕後，送到臺北的保安司令部，隔年五月四日蔣介石批文改判死刑，五月二十日槍決。他被捕時，長子三歲九個月，長女一歲六個月，而次女——我母親尚未出生。二〇〇八年底，我向檔案局申請相關檔案時，發現了塵封五十多年、阿公在槍決前夜寫下而家族中無人知曉的遺書。我自此展開漫長的追尋阿公之旅。

時常，我感覺在拼一個中間空心的拼圖。能夠拾起的片片段段，都是周圍的鏡像或倒影，再怎麼努力，中間空缺的那塊，是永遠回不來的。即使如此，我還是決定啟程。一路上，我從不知會找到些什麼或遇上些什麼，但路總要走走看才知道，此路不通大不了換條路走。於是就這樣跌跌撞撞地一路走來，找到了些什麼、有些發現帶來更多的疑問，而這些疑問，或許再也無人能解答。

二——童年與遺書

童年憶往

我是出生於戒嚴時代的七年級生，來自一個從不談論政治的家庭，家裡只論成績不論其他。我出生不久，媽媽把我託給爺爺奶奶和大姑姑，一個人去美國讀研究所，追她年輕時的夢想。從我懂事以來，我和大姑姑就特別親，遇見傷心難過的事也會想找她，只要和大姑姑講講話就會讓我好很多。

媽媽一九七五年大學畢業時，應屆申請到美國研究所全額獎學金，卻無法出國。沒有原因，護照就是辦不下來，斷送了她可能有的機會。七年後，她已結婚、生下我，又再度嘗試遞出申請，才如願以償拿全額獎學金出國念書，然而當年那個出不去的遺憾，依舊刻在她心頭。

媽媽出國隔年，原本也要出國讀博士的爸爸改變心意，留在臺灣念學士後醫學系，於是媽媽一年十個月拿到碩士學位返臺團圓。回臺後媽媽生下弟弟，接著進入臺大博士班就讀，爸爸則在臺南成大念書，兩地假日夫妻的日子持續好幾年，直到爸爸畢業北上當住院醫師為止。

多年後我拿到博士學位，也生了一個小孩，回顧過去，才發現這其中的不可思議和艱難之處。媽媽要怎麼維持假日夫妻，平日一打二帶兩個小孩、念博班並且四年準時畢業？我小學三年級時，全家從雙連的爺爺奶奶家搬出來，到臺大附近租屋居住，轉學讓我適應非常不良，每天放學回家就躺在沙發上哭著要回爺爺奶奶家找大姑姑。爸媽看這樣也不是辦法，又幫我轉到蟾蜍山腳下的迷你小學，我在這間學校快樂多了，一直念到畢業。

這間小學每班有自己的菜圃，還有小溪和小池塘，裡面充滿各種生物：青蛙、蟾蜍、蜻蜓、豆娘、蝌蚪、大肚魚等等，天然的小小生態系就在校園中。我們看青蛙交配、學著分辨蜻蜓休息時平放的翅膀和豆娘豎起的翅膀、在校園裡的木製遊具上找到螵蛸，半透明的小螳螂一個一個冒出來、比較著像逗點的小蝌蚪變青蛙的不同時期：只有後腳、長出小小的前腳、前後腳都有但還有尾巴、到變成真正的小青蛙。很多年之後我看新聞才知道，那個校內天然湧泉根本是長年自來水漏水造成的美麗錯誤。

暑假，我會跟同學去雜貨店買十元的釣餌，是帶有香味的黃色粉末，加水調成糰，就可以在臺大醉月湖撈蝦子。撒餌後，身體透明的小蝦會來吃，我們就用烤肉架網子捕撈。或者，我們會去新店溪橋下控土窯，把蛋用鋁箔紙、溼報紙和溼泥層層包裹，丟進已經燒熱的土塊中、再打碎土塊，用土塊的餘溫把蛋燜熟。

我在臺北市大安區的邊陲長大，意外地還保有那一點點和自然親近的空間。我記得當時同學家裡各有不同特色，有些同學住在同個村子，去找他們其中一位就能找到一串，大家都是鄰居，入口的牌子寫的是臺大教職員宿舍。也有同學住的地方宛如迷宮，要不停地穿越別人家的門或走道才能進入她家，後來我才知道，那個地方是類似眷村的違建，住的是鄰近空軍營地的軍人眷屬，而這些同學們的父母組合多是外省老兵和其他縣市來的原住民族母親。多年後，同學的家早已不再，最後剩下的幾戶山上房子，現在成了寶藏巖歷史聚落。當時的我，毫無省籍概念，倒是對ABT（American born Taiwanese）有些認識。班上有好幾位同學都是父母在美國念書時所生，擁有臺美雙重國籍，幾年後，他們的爸媽在臺大找到教職才到此落腳。媽媽因為比較晚才念博士，她和指導老師同年，我的同班同學中也包含媽媽博班指導老師的小孩。

隨時引爆的親子關係

我放學後會穿越整個臺大校園，走到當時的化學系館找媽媽。那是一棟非常老舊、走廊放滿鋼瓶還有股怪味的建築。以現在的角度來看，消防安檢應該是過不了。找到正確的門進去，就會看到媽媽在其中一張實驗桌後面忙她的事情。小學四年級，我參加媽媽的博士班畢業典禮，我戴著她的帽子在原子與分子科學研究所和醉月湖畔照相，雖然當時不明白其中意義，但我知道這是媽媽的大日子。

媽媽畢業後留在原實驗室當了兩年博後，後來在高雄找到教職，我們舉家南遷。爸爸的住院醫師訓練尚未結束，媽媽一個人帶著我和弟弟先搬到高雄，搬家、租房、開始新工作、弟弟轉學、我上國中。

這段期間並不好過，我並不認為是我特別做了什麼行為引起親子衝突。而是剛開始新工作的媽媽，孤身帶著我們，還必須新手駕駛開車上班，加上我們轉學也在適應新環境，如此壓力之下，任何一點小事都容易成為媽媽的引爆點。

我和弟弟個性不同，他懂得借力卸力、躲在牆角增加被打到的困難度，也會立刻道歉三秒落淚平息戰火，而我是火上加油，既不道歉也不示弱。我從來就沒有覺得是我的錯，以前如是，現在也如是。有次，爺爺奶奶下高雄住幾天，奶奶看到我睡覺時露在棉被外的腳，哭了。當時我不懂媽媽為什麼要這樣對我？但媽媽的行為的確已超過管教範圍，而是發洩情緒了。

那時爸媽擔心只看成績分發我會沒學校念，於是一年半後我又轉學到臺北的國中，住在爺爺奶奶姑姑的家。多年後我才輾轉得知，當時奶奶看到我被打成那樣，怕再下去會真的出事，用成績這個光明正大的理由把我接回臺北。大姑姑非常照顧我，她給予我一個安全的環境，我知道我永遠不會被大姑姑打，待在她身邊我很安心。爺爺早年耕田，不吃牛肉，但大姑姑知道我貪吃，她會早起偷偷煎牛排讓我帶便當。我也常常等不及，一出家門就打開便當盒先偷吃幾口，那是國三面對升學壓力中的微小幸福。

即使我的避風港是大姑姑，我還是會想念那些跟弟弟玩在一起、跟爸爸媽媽住在一起、那些在家裡大冒險研發各種「創意」的日子，例如無師自通自己換喇叭鎖，買半成品電子零件套件自己做出第一個竊聽器等等。於是，一年半後我回家了，回高雄考省聯。當年臺北市是獨立招生的北聯，其他地方則是省聯，兩者同一天考試，我只能選其一。

年少的質疑

那時使用的是國立編譯館版本的課本，我經歷過高中和大學兩次聯考，是最後一屆大學聯考考三民主義的學生。國中時我的地理課本依舊寫著「我國歷史悠久、幅員遼闊」，關於臺灣地理只有四課，歷史課本介紹的是中國歷史，臺灣史只是中國歷史中的一個小節，晚我幾屆的學生才有專門認識臺灣的課程。國編本只把臺灣當作中國的一個離島，強調的仍舊是早已不符合現實的「我國首都在南京」，而那個虛幻的中國從來就離我的成長環境很遠。

現在我還記得和我生活一點關係也沒有的江西、湖南水系：昌信贛修、湘資沅澧。華北、華中、華南分屬一穫、二穫、三穫區，但課本卻不曾告訴我高屏溪在濁水溪以南，秀姑巒溪的終點是太平洋，而臺北城的起源更是與淡水河密切相關。那是一個教科書與現實社會嚴重脫節的時代。

高中聯考社會科滿分一百四十我考了一百三十四分，即使當時我已知道我國首都南京根本就脫離現實，為了分數我還是很有誠意地全背下來。大學聯考三民主義滿分五十分我拿了四十四分。那個分數主宰一切的年代，我不認同歸不認同，還是將課本上的內容硬吃下去。

阿嬤與風暴下的青春

外婆（本書稱阿嬤）在我國中時搬來高雄和我們同住。這麼多年裡，印象中阿嬤從來不曾提過阿公，彷彿世間從不存在這個人一般。對於未曾出現的空白，你不會去質疑那為什麼是空白，那就是空白。

對媽媽來說，也是空白。我也從未聽她提起過父親。記憶裡，我或弟弟曾經問過一次「阿公如何過世的？」媽媽給的回答是車禍。僅此而已，沒有更多。

身處其中，要辨認出當中的影響並不容易。沒有平行時空讓我們在童年時去做比對，我們無從得知，如果是一個「有阿公在的童年」會有怎樣的不同？或是，媽媽會有一個怎樣的童年？

而擁有不同童年的媽媽，會不會成為不同的大人？

阿嬤晚年失智症發作時，總是無限輪迴地在找她的身分證。她會一天重複幾百次「我的身分證在哪裡？」「沒有身分證會被警察抓走」等話。其後幾年，阿嬤失智症日益嚴重，已經到了不問外間世事的地步，也不知道換發了新的卡式身分證。媽媽將阿嬤的舊身分證拿去掃描，彩色列印、護貝了幾十張備用，只要阿嬤問起，就能拿一張給她。

我們無從問起的是，究竟阿嬤年輕時吃了多少苦頭，被查了多少次戶口，才會在她人生的晚年，連親人都已遺忘的狀態下，依舊執著於攜帶身分證？阿嬤一生辛苦，而努力透過課業成績來取得母親認同的媽媽，也有著她所承受的壓力和議題要去面對。

媽媽有她的執著，她非常在意我的學校成績。當時只覺得，也許全世界的媽媽都是這樣的吧？

後來我慢慢察覺，她在意成績和學歷已經到某種非常人的程度。舉例來說，她參加畢業三十年的高中同學會回來後，敘述她同學的方式是：同學A，當年班上的第二名，大學念臺大藥學，後來結婚，先生臺大醫科。她記憶當中的重點只有名次和學歷，其後別人二、三十年的人生對她來說都不如那個「當年的班上第二名」來得有記憶點。

因此作為她的小孩，成績不好是件非常痛苦的事。特別我又小時了了，從小早讀又念資優班，二月出生，比別人早讀整整半年。媽媽的說法是小學比幼稚園便宜，幼稚園又比保母便宜，既然我能早點上學那就早點去。她拿我的資優鑑定向學校申請提早入學，我入學時是五歲半，班上同學的年齡都比我大六到十八個月。相對來說弟弟從小表現平平，識字也晚，因此媽媽對他沒有太大期待，而是把所有課業期望都放在我身上。我並不是愛念書的人，國中課業還可以靠天生資質應付，經過聯考進高雄女中之後就不行了。我是聰明，但同學們也沒有比較笨，在這情況下，不念書就直接反應在成績上。

我在高中的成績幾乎都是倒數，跟家裡的關係也緊張到極點。很長一段時間，我都覺得我在他們眼中不是一個活生生的人，我只是一張成績單。這關係直到高二的某天，我離家出走三天，才整個爆開。我猜他們會去找我的高中死黨，於是我跑去投靠國中同學，徹底消失。第三天，他們透過高中同學傳話要我回家。之後，算是達成某種恐怖平衡，他們少問，我少說。

現在回頭去看，那根本是段走鋼索的日子。一不小心跌落就沒有了。身處風暴之中，直接翹家去投靠國中同學，已經是我能做出最不造成不可逆後果的行動。也幸好，在那之後我爭取到了一些空間。

距離帶來美感，離家上大學之後，和媽媽的關係漸趨和緩。我和媽媽就是軟硬都不吃，堅持起來就一定要這樣，最後多半變成雙方僵持不下，爸爸很努力居中調停我們。爸爸有次抱怨說，「你們一個在樓上氣噗噗，一個在樓下氣噗噗，是要我怎樣啦！」回想起爸爸講這幾句話的畫面，有種荒謬的喜感。但我跟媽媽就是這樣的組合，爸爸說我們根本是同個模子刻出來的，才會八字不合。

阿公是不認識的人

高中時我從舅舅的新書草稿中看見這麼一句話：「我老爸當年被國民黨抓去槍斃！」開啟了我對阿公的疑問，但我無從問起，跟家裡的關係也緊張到沒有心思去深入思考這件事。當時我想的只有怎麼求生或怎麼求死，其餘的實在顧不上。

一直到上大學，《戒嚴時期不當叛亂暨匪諜審判案件補償條例》通過，對於阿公是真的被槍決這件事才慢慢有感覺。當時補償案件的通知書寄回家裡，放在客廳茶几上很久，我放假回家看到，才開始感覺這件事的確發生過。

即使認知到這件事情，依然距離可以談論的狀態非常遠。一九九七年高雄縣政府出版的《高雄縣二二八暨五〇年代白色恐怖民眾史》當中，收錄阿公牽涉其中的案件，叫作「臺灣省工委會燕巢支部黃溫恭等叛亂案」。每個字都看得懂，合起來完全不知道在講什麼。

工委會？支部？叛亂？

那是「前Google時代」，無處可問。事實上即使有搜尋引擎的今天，六、七十年前的事情，在網路上也未必會有答案。我只知道阿公是被政府抓走判死刑的，而他生前的最後一份職業是屏東縣春日鄉衛生所主任醫師。

我不覺得阿公是壞人，但也不知道他到底「好不好」，他就是個「不認識的人」，儘管我流著他的血，對他仍然非常非常陌生。

然而阿公在他人的記憶中，卻非如此。

他的弟弟妹妹們說，阿公對他們這些年幼弟妹非常好，考得好常有文具獎勵，會買最新的鉛筆盒給他們。阿公的大學同學說他是個很樂觀、開朗的人，在班上總是能逗笑他們。

這是那個我不熟悉的阿公嗎？他的人生永遠被定格在三十三歲。而我的理解和當年的他，又有多少差異？他就這樣突然斷裂、消失，不曾回來，卻又在多年後以另一種形式重新來到我們的記憶之中。

後來我才慢慢理解，也許媽媽並非一開始就想以學歷與成績定位他人，而是在那個年代，作為叛亂犯家屬的她沒有其他出路，除了看似相對公平的聯考以外，做任何其他事情都會被監控或禁止。

我們，的確生存下來了，並以某種相對「好」的姿態過人生。媽媽想證明的或許是英年早逝的阿公是個優秀的人，而能證實這一點的，也就只有她自己和我們。

但，即使證明了，又能如何呢？而我們從未想過的事實，又在多年後以某種姿態讓我們知曉。一切早已存在，但對於未知的我們來說，卻是過去的突然現身。

阿公的遺書

二〇〇七年，「再見，蔣總統　反共、民主、臺灣路」特展展出蔣介石的親筆判決。一張張的公文書上，都有他並無法官身分卻干涉司法的證據，例如散落在不同公文上的：

黃溫恭死刑，餘如擬
應及槍決可也
判處死刑可也
此人為何不槍決
原判主審法官至少應有相當處分
凡判處十二年以上徒刑者一律改處死刑

李玉堂應判死刑
康震判處死刑可也

這是第一次，我們知道有這張判決書的存在。媽媽的堂妹去看展覽，發現這張改變全家人命運的判決書，寫email告訴媽媽。媽媽在上課前收到email，她幾乎站不住，無法記得她是如何上完那堂課的。原來，她曾經可以有爸爸，原來，她曾經可能可以有不同的人生……。

即使心碎、憤怒，我們依舊在人生軌道上各自前進，直到二〇〇八年政黨輪替。那年，馬英九剛當選新任總統，同年底中華人民共和國海峽兩岸關係協會會長陳雲林來臺，遍地烽煙。當時馬政府表現極度親中，許多民間團體並不信任，不論是海協會副會長張銘清訪臺接連遇到抗議，或是陳雲林來臺彷若戒嚴，連走在路上拿國旗都會被搶被打，情勢非常詭譎。

當時我在中央研究院工作，下班之後就去晶華酒店外抗議，我住處附近的上揚唱片行播放〈臺灣之歌〉，遭警察闖入強迫關音樂、關門，原因竟然只是因為陳雲林開會的國賓飯店會聽到！那幾週發生的一切，都不合理到了極點，怎麼看都不像是一個號稱擁有自由民主的社會該發生的事情。隨後，行政院前的靜坐轉移到自由廣場成為野草莓學運，我也發揮以前的童軍專長，利用下班時間過去蓋塔造屋。當時的竹製野草莓塔就出自我的設計，和大家一起花費了好幾個晚上搭建。

網路論壇ＰＴＴ上一連串的討論問起戒嚴時期的生活，我在其中回應了一篇阿公的遭遇。當時我僅有的認識是二〇〇七年展出的那張判決書，阿公原先被判有期徒刑十五年，蔣介石親筆改成死刑，十六天後，阿公命喪刑場。

死刑人數從來就不只是數字，每個人背後都有家庭、有父母妻兒，而這些被遺留下來的人依舊要和這殘酷的社會共存，在國家機器底下活下來。而我們，和其他人呼吸著一樣的空氣，生活在同樣的土地上，就在你我身邊，一點都不遙遠。

貼文顯然引起一定人數的觀看，幾天後，我收到陌生網友來信：

你好，我在八卦版看到你的文章。

非常巧合，我們是一群正在口訪的年輕人，

而且，前不久正好聯絡上燕巢案唯一一位活著的長輩。

如果，希望能多理解這段歷史，

關於地下黨發展與白色恐怖案件，

很希望能幫上你多一點忙。

我姓林，臺大社會所學生，

如果有需要，我們會盡力而為。

我和他通了電話，他是林傳凱，他向我簡介本省人居多的省工委案，接著建議我去檔案局申請只有本人或家屬才能調閱的相關卷宗。

這通電話一講就是一個多小時，這是我第一次聽到「臺灣省工作委員會」是什麼，也第一次知道臺灣竟然有本省人的統派存在。我一直是臺獨支持者，從未想過會有支持統一的「本土臺灣人」。現在我當然知道人的複雜性，而不能簡單地用省籍來劃分。

那是傅凱第一年進入省工委這個田野，十年後他可說已經累積出全臺最詳細的省工委訪談和田野調查。

我撥電話給媽媽，和她說我打算去檔案局申請檔案，需要她的戶口名簿來證明家屬關係。媽媽沒多說什麼就把戶口名簿傳真過來。當時檔案局位在臺北市一江街，我親自去填寫申請表並繳交親屬關係證明。大約兩週之後，我接到電話說資料準備好了，總共三百多頁、分成四本卷宗用長尾夾夾著，一頁兩元，付了七百多塊把影印的紙本帶走。這些影印本當中，牽涉到他人的部分，有些是被遮掩的，例如阿公同案其他人的死後照片被蓋掉了，但生前照片還保留在檔案中。

檔案中占最多的是以打字印刷、重覆出現的判決書。因為要送不同單位，同樣的判決書會出現很多份，接著還有各式手寫的公文、筆錄、自白書。包含槍決前筆錄、生前死後照片、照片轉呈總統公文、極樂殯儀館收斂人犯報告表等。這是國家機器有系統地在消滅一個人，死亡之後還必須拍照存證，送給蔣介石看，好證明這個人已經確實消失了。有些手寫筆跡一時難以辨識，我先大概翻過一遍，試圖去理解我申請回來的究竟是什麼。

阿公生前留下的最後五封遺書影本，就夾雜在這些卷宗之間。

讀完時已是深夜，我一邊看、眼淚一邊滴到紙上。看到阿公寫給阿嬤的信，提到他希望屍體寄附臺大醫學院或醫事人員訓練機關以作屍體解剖之用。為什麼這樣的一個人會被國家槍斃？為什麼連這樣最後的心願都無法達成？為什麼這些遺書沒有在當時交還給家屬？

在看到遺書之前，黃溫恭三個字對我來說只是母親身分證上的名字，但我不知道他是誰、也無從想像起。看完遺書，我才實實在在感覺到阿公真正存在過，他曾是個活生生的人，有他的理想、有他的個性。在那之前，他對我而言只是一片空白。

只不過，我從未想過，我竟是以這種方式認識他。

在他離世超過半世紀之後，我成為家族中第一個見到這些遺書的人。我一個人在深夜的住處默默掉淚，那是種無力感，太多個為什麼卻沒有一個答案。

隔天，我打電話給媽媽，跟她說檔案裡有他（那時我連稱呼他阿公都有困難）的遺書，「其中也有給妳的，等妳週末上臺北再拿給妳。」

當時，阿嬤因癌症在臺北反覆入院，媽媽很常北高兩地跑照顧阿嬤。她上來時總是借住公婆（我爺爺奶奶）家，而我在臺北上班，就住在爺爺奶奶家隔壁。那是十一月下旬，媽媽的生日是十二月一日。媽媽後來說，這是她遲了五十六年的生日禮物，在她生日前夕，由她的女兒親手轉交給她的一份禮物。

由於檔案有三百多頁，我怕媽媽一時找不到，用便利貼標記遺書開始的那頁。我拿過去爺爺奶奶家，跟她說遺書在哪頁，接著就回到自己的住處，前後待不到五分鐘。

那個當下，我無法留在現場，幾乎是落荒而逃，不想去看媽媽的反應或者知道她的心情。或者說，不是不想，而是不能，那不是我能承受之重。很久之後，她和別人說，那是她第一次感覺到她是有爸爸的，而這個爸爸是愛她的。儘管遲到了五、六十年，但她終於感受到從不曾體會過的——來自父親的愛。

我和媽媽這樣的相處模式維持了很長一段時間，我會和她「報告」我正在做什麼，訪問了誰，誰說了什麼或是發現了什麼。她會聽，就只是聽。我不問她想法或感受，也不和她討論我的想法或感覺。我曾去跟《民視》索取媽媽當初接受專訪的完整影片，再默默地把影片打成逐字稿。但我不會去問她，她也不曾跟我說。

身處不同的位置，我和媽媽面對同樣一份傷痛，角色卻不同。我不知道在她年過半百的人生裡，永恆缺席的父親突然現身是什麼樣的感受？而對我來說，作為相對「間接」被影響的第三代，去追尋這些的意義又是什麼？這件事情，巨大到我難以開口和媽媽討論，語言在這裡派不上用場。而從知曉這些遺書的存在，到我們能真正擁有、碰觸到阿公的絕筆，又是另一場漫長的戰鬥。

三——遺書歸還

二〇一一年七月十五日，我在《蘋果日報》投書如下：

「我的死屍不可來領。我希望寄附臺大醫學院或醫事人員訓練機關。我學生時代實習屍體解剖學得不少的醫學知識。此屍如能被學生們解剖而能增進他們的醫學知識，貢獻他們，再也沒有比這有意義的了。」

這是我阿公黃溫恭先生在一九五三年被槍決前寫給我阿嬤的遺書，很遺憾的，他的心願並沒有實現。這五封遺書並沒有交還給家屬，而是和其他公文一起歸檔，最後進了國家檔案局。直到二〇〇八年我主動去檔案局申請，才首次見到這些遺書的影本。然而這時我阿嬤已經失智而無法得知她的先生曾在五十六年前寫信給她了。因此，我們肯定政府歸還遺書的舉動，儘管並非出於主動。

身為政治受難者家屬，我在這裡有三點訴求：

第一、政府應主動清償未歸還的受難者遺物，主動聯絡家屬歸還。這不應該是家屬的責任，這是政府的責任。還有多少的私人文件、私人物品流落在政府手中而家屬毫不知情的？政府應該負起責任做有系統的清償及主動歸還。

第二、清理各機關檔案，建立各機關裁撤後相關移交法規。目前狀況是所有檔案及卷宗散落各機關，沒有統一歸檔並整理。公布加害者名單，建立加害者之牆。也許今日沒有法源依據把當初的軍法官、保安司令部人員送上法庭，但我們應該有知的權利，我們要知道當初的加害者是誰，當初哪個軍法官承辦了哪些案子，哪些案件又是由哪些特務偵辦，我認為政府應該公布這方面資料並且放在博物館供大眾參觀。

第三、真正的認錯與道歉！逝者已矣，生者我相信還不在少數。我希望聽見的道歉是某某人出來公開懺悔說他當年曾經偵辦或審判了哪些案件，而這是不對的，他在此為他所負責過的案件道歉。我的阿公是當年是留學日本的齒科醫師，回臺開業不久即被捕。國民黨的說法是一貫的匪諜和叛亂。一審軍法官判決十五年，公文送到蔣介石手上，他一句話改判成死刑。就這樣奪走我阿公三十三歲的年輕生命。我相信除了蔣介石以外，其他整個國家共犯系統裡一定還有加害者活到現在。但是有任何一個人出來為他當年的行為道歉嗎？一個都沒有！我們要的不是一個總統代表空泛的道歉，再補發一張事隔數十年的名譽回復證書，但是加害者毫無反省認錯之心！並且應該比照二二八，把補償改成賠償。

另外我在這裡想公開告訴馬英九總統，當你在提及過去蔣介石的豐功偉業的時候，請你不要刻意忽略他獨裁、殺人如麻、滿手血腥的這一面。有多少的家庭，包括我家在內，因他而破碎！他並不是法官，當初憑著一己好惡就可以定人死罪，而這些被他判死的人他連見都沒見過。這樣的事情，於情、於法、於理都不容！希望馬總統能真正面對歷史，不該也不應迴避蔣介石罪大惡極的這部分！

當天，是我們歷經兩年又八個月的抗爭，終於爭取到返還遺書正本的日子。從二〇〇八年底我向檔案局申請阿公的卷宗，發現檔案中夾有遺書開始，我們經歷了漫長的溝通，終於在二〇一一年的解嚴紀念日，讓阿公臨終前的親筆信回家。

一開始發現卷宗檔案夾有遺書時，我就認為檔案局應該要返還原件。公文、筆錄可以說是國家檔案，但阿公臨終前寫給家人的遺書，有什麼道理說是國家檔案？

二〇〇九年我和舅舅分別接受《自由時報》和《聯合晚報》專訪時，表達希望取回遺書正本。舅舅並於二〇〇九年七月寫信給馬英九總統，但只得到制式回覆：「已將來信移請行政院參處，相信您反應的意見會很快獲得回應與解決。」從此再無下文。

當時我認識了臺灣民間真相與和解促進會的執行祕書葉虹靈，真促會理事長陳俊宏也是行政院人權保障推動小組的委員。二〇一〇年一月由行政院李念祖、魏千峰及陳俊宏三位委員共同提案「力促檔案局盡速歸還政治受難者之遺書等遺物案」，並做出決議：「依檔案局說明處理，當事人或家屬有應用之需求，請檔案局依法提供閱覽、抄錄及複製，若家屬要求返還原件時，請檔案局邀集相關機關與學者專家協商。」但檔案局以需邀集相關機關與專家學者協商後才能決定回覆，並無後續動作。

二〇一〇年中媽媽向檔案局要求返還遺書，檔案局回覆並無法律依據可以歸還，媽媽非常憤怒地表示：「我家的私人信件怎麼會是國家檔案的範圍？」檔案局又表示：「檔案保存得很好，歡迎隨時來參觀，請放心！」這個回覆引爆媽媽的第二波怒火，回信告知檔案局：「我家的東西並不是放在你家保存得很好我們就會同意的！」

既然自己寫信無效，那就找其他人來寫吧！我們又和真促會合作，由真促會代表發文給檔案局要求取回遺書，發文日期是二〇一〇年八月六日。六個月後，二〇一〇年十二月二十九日終於獲得回覆，表示同意歸還私人文件。至於檔案局為什麼需要半年的時間才能回應，我們至今仍舊不知。

由於初步同意歸還後，還有更多細節需要協商，舅舅、媽媽和真促會理事長陳俊宏、監事吳乃德在二〇一一年二月十七日共同召開記者會提出三點要求：

一、請馬英九總統代表國家，親手將這批遭國家「留置」數十年的私人文件奉還家屬，並舉行公開儀式，代表國家向家屬致歉。此舉亦俾利於向社會宣傳，促使其他受難者家屬，踴躍向檔案局提出檔案查閱申請。

二、我們要求，檔案局應在法制層次，為類似案件的申請返還流程建立機制。

三、我們呼籲政府應投注更多資源，清查並徵集各機關政治案件檔案。並且必須進一步清查所藏檔案中，是否尚夾有此類私人文件；若有所獲，則需主動通知家屬前來認領。以展現國家坦於面對過錯，療癒歷史傷痕的決心。

這些訴求和我的投書互相呼應，我發現遺書是偶然，但偶然的背後還有多少家屬無從得知這些書信的存在？這需要的是政府主動清查，而非靠不知情的家屬一個個去嘗試申請看看有沒有遺書存在。

也許是記者會比寫信要求來得更公開，並且有上媒體版面，這次不用等上六個月，就有了總統府回應如下：

來信收悉，總統知悉許多家屬內心的傷痛至今仍難以平復，因此「二二八紀念基金會」今後的兩項任務，一是繼續從事真相調查，二是提供歷史的教育，讓後代子孫瞭解「二二八事件」的真相；有關該次記者會所提建請返還家屬遺書原件之訴求，已另移請行政院研究發展考核委員會參酌，再次謝謝您的來信。

祝福您　平安如意　總統府　敬啟

阿公並非「二二八事件」的犧牲者，這回應顯示出總統府根本沒搞清楚狀況。行政院研考會數日後回應，說要國家檔案局完成「國家檔案內含政治受難者私人文書返還作業要點（草案）」，之後再依此返還家屬私人文書。

其後，官方同意在二〇一一年七月十五日解嚴紀念日由當時的總統馬英九將遺書歸還給一位家屬代表，媽媽幾度交涉之後，才改為馬英九逐一歸還五封遺書給個別家屬。舅舅作為家屬代表致詞，然而他的致詞內容還須經主辦單位先檢查。

紀念追思儀式地點在總統府外不遠的白色恐怖紀念碑，現場搭起臨時棚架，工作人員則是戒嚴時期不當叛亂暨匪諜審判案件補償基金會的人，舅舅、阿姨、媽媽和我都出席了。舅舅在致詞中表示，中華民國政府比起滿清政府更沒人性，把人殺了遺書也不還，這封遺書他等了五十八年又兩個月才拿到，人生有多少五十八年可以等待？

總統馬英九致詞時說，有需要遺書的家屬可提出申請。媽媽非常憤怒地說，「我要的是我老爸活著，怎麼會是遺書？」她那天情緒激動、泣不成聲，領遺書時直接和馬英九說：「不要再說蔣介石功大於過這種話，你每說一次，就是在受難者家屬的傷口上灑鹽。」但這些話馬英九並沒有聽進去，他依舊每年去慈湖謁陵，依舊說他的那一套。

我上臺領阿公的「回復名譽證書」時，馬英九總統表示有看到我的投書。當時傳凱其實慫恿我上臺後去搶麥克風發言，扣留遺書的責任在政府，要歸還也該是政府主動去聯絡，而不是要根本不知情的家屬主動去申請。但當天我還沒上臺媽媽就哭了，她一哭我就直接石化，什麼計畫都拋諸腦後了。

事後，檔案局發布《國家檔案內含政治受難者私人文書返還作業要點》，並制定清查計畫，展開三個月的私人文書清查工作。總共找出一百七十七名政治受難者私人文書共七百七十四頁，後續由檔案局聯繫家屬辦理返還相關事宜。[1]

遺書的發現，是偶然。但後續發展，並非偶然。

後續，是我們家人結合各路朋友們，幾經奔走才有的成果。從發現卷宗中夾有遺書開始，我們就一直在努力交涉要拿回正本，也終於在兩年多後達成。當然，是晚了，阿嬤生前始終無緣一見阿公的親筆，當然也不曾知道阿公希望她改嫁的殷殷企盼。

因為這些事件，我陸陸續續認識其他政治受難者第二、三代。之後幾年，不時聽見誰的家族有找到遺書。這些生前絕筆，在半世紀後，才慢慢地被人所知。同為第三代的好友玥杉，她爺爺遭到槍決，她們家族則是在二〇一三年的二二八紀念儀式上才拿回爺爺的書信。

二〇一三年十二月至二〇一五年四月，國家人權博物館以「遲來的愛——白色恐怖時期政治受難者遺書特展」為題，展出十位政治受難者臨終前的遺書。二〇一五年一月，臺灣民間真相與和解促進會和幾位作家聯手完成《無法送達的遺書——記那些在恐怖年代失落的人》一書。

我自二〇一〇年起，便開設部落格「往事並不如煙」，寫下這一路追尋阿公足跡的過程。我不追求流量或讚數，而是要留下見證。這些事情，不寫下來我不甘心。連我自己都是從未知的空白，走到今天比空白多一些些，我如果不寫，又有誰會知道這些？而這些堅持，似乎也慢慢帶來一些改變。二〇〇八年找到遺書前，黃溫恭是我們家族中的空白，除了少數親人的回憶外無人知曉。然而現在，偶爾有時，我會遇到人們和我說他們看過我的部落格、文章或《無法送達的遺書》，知道這位曾經存在過的年輕路竹牙醫師。

隨著愈來愈多的遺書出土，事情似乎緩慢地被知道。一開始，我根本不知道會走到哪裡，會找到什麼。靠著那點不甘心做下去，就像在水面丟石頭，沒有石頭就沒有漣漪，沒人知道漣漪會多大，又會產生哪些變化。我不是因為看到希望而去行動，而是行動後才看見改變。

很多時候，社會運動的形勢是這樣的，靠著一次又一次累積動能，就像長江後浪推前浪。一次無效就第二次，第二次無效就第三次，這都是動能的累積，累積到一定程度才會有突破口，量變會帶來質變。我們無法預知哪次會有效，但只要是自己真心相信的信念，不論有效無效都會繼續做下去，直到改變發生的那天。

相信自己相信的價值，為了信念去付出，對我來說永遠都是值得的。

注釋

1 依二〇二二年的統計，共有二百零八位受難者、九百零六頁文書。

四——黃溫恭，我的阿公

阿公是高雄路竹後鄉村人，他的父親黃順安是家族長男，生於一八九八年，二十歲時和十六歲的葉氏結婚，一九二〇年長子黃溫恭出生，再過兩年長女黃嫣出生。葉氏早逝，一九二八年黃順安續絃鄭省。

日治時期黃順安擔任過保正、大社國小訓導主任、務農等工作，五十七歲自學考上中醫師後，開設診所為村人看診。

二〇一九年我和媽媽拜訪黃家的族親黃金火，他提到現在後鄉村舊居是一九四三他出生那年，由阿公的父親黃順安做規劃，和幾戶比較負擔得起的人家，一起從臺南大地主張壽齡手上集資買下大約一、二甲土地。接著阿祖親自規劃，採棋盤格設計，戶戶方正、大小統一，每間屋子大小約一百二十坪，再讓村人慢慢認購。就這樣把整村的人，從原先地勢崎嶇、衛生條件不佳導致嬰兒多夭折的舊村落，搬遷至地勢平坦、設計規劃良好的新村子。黃金火先生回憶起阿祖仍是滿滿的感念之情，說阿祖文武雙全、樂善好施，是當地的大善人。凡村人有新生兒命名、提對聯等事，都會請阿祖取名、提筆。至今後鄉村順安宮的楹柱上，仍刻有阿祖撰寫的對聯。

阿祖黃順安頗得鄉里敬重，擔任村長多年，過世後子孫幫他選擇一塊在田間根本無路的風水福地下葬，村人說想和村長伯做鄰居，十多年間陸續有人下葬，而後自成一區墓地。

阿祖還有個小十五歲的弟弟黃坤城是西醫，去日本念昭和醫學專門學校之後回鄉開業，在路竹市區開設見安診所。

黃溫恭為黃順安長子，下有同母大妹黃嫣，異母大弟黃中平、二弟黃良吉、小妹黃阿枝、小弟黃武男。黃溫恭幼時就讀末廣公學校，和同鄉好友葉英杰一起考上臺南二中。他與南二中同學燕巢人陳廷祥交情相當好，時常造訪和留宿陳家。我們拜訪依舊住在燕巢的陳廷淵時，他提到小時候時常和哥哥陳廷祥以及阿公三人一起去郊遊，當時的陳家是燕巢大戶，擁有價值幾乎等於一棟樓房的照相機，拍攝很多郊遊的相片。可惜的是哥哥出事後，家裡長輩們怕連累家人，把那些照片一把火給燒了，一張不剩。阿公和好友郊遊的身影，是無緣得見了。如果能留下來，就算只有一兩張，該有多好啊！

十八歲的張旖容（左）與十八歲的黃溫恭（右）

陳廷淵拿出南二中第十四屆畢業紀念冊大方讓我們翻拍。這是我第一次看見戴著白線帽，年輕帥氣的阿公。事實上，十八歲的阿公，和十八歲的我，幾乎是同個模子刻出來的。將我們的照片放在一起，不知情的人看了會認為照片只是彩色和黑白的差別。

黃溫恭愛交朋友，講義氣，性如烈火。我曾拜訪阿公當年的南二中同學林恩魁醫師。林醫師說自己是比較認真用功念書的那邊，阿公則是會吆喝同學們一起去女校園遊會看女孩子。阿公個性烈、膽子也大，日治時期臺灣學生多半會避讓著日本學生，只有阿公敢找日本同學冤家（uan-ke，吵架）。當時我沒細想林醫師口中輕描淡寫的「吵架」是何種程度，直到數年後看了阿公另一位同學的回憶錄才知道，這豈止是吵架？葉英杰醫師的回憶錄《太陽旗下的青春物語》中是這樣寫的：

葉英杰還有一位忘不了的兒時玩伴、臺南二中的同學黃溫恭。他與葉英杰從末廣公學校時就是同學，住處也在葉家附近，和葉英杰全家都很熟。臺南二中五年級時，黃溫恭和一名日本學生吵架，用竹箍把對方打成重傷。被打傷的同學是臺南警察職員之子，還是臺南一中的柔道與游泳選手。當這位受重傷的學生被抬進臺南醫院時，引起了莫大騷動。因為這件事，黃溫恭遭到臺南第二中學退學，之後轉到東京臺灣人經營的關東中學校，後來進入日本齒科醫學專門學校（今日本齒科大學）畢業成為牙醫。

這段描述解答了我的疑惑，為什麼阿公念了臺南二中還要再去日本念關東中學，原來是因為打架被退學啊！看來當年阿祖對阿公這個長子也很頭疼吧？

黃溫恭一九四〇年中學畢業後進入日本齒科醫學專門學校學習牙醫。一九四四年大學畢業正逢二戰，他被徵兵成為關東軍，在滿洲國合江省鶴岡炭礦病院擔任軍醫，一九四六年八月返臺，在路竹開設建安齒科醫院。

一九四九年七月至一九五〇年一月，他短暫在高雄中學擔任校醫，三月到屏東縣春日鄉衛生所擔任主任醫師，直到一九五二年九月二十六日被捕送往臺北的保安司令部，同年十二月次女黃春蘭出生。一九五三年五月二十日遭槍決，槍決前夕寫下五封遺書，但家人並未收到。二〇〇八年十一月，我向國家檔案局申請檔案，才第一次發現這些遺書的存在。

我的日本之旅

在發現遺書後不久，因為想多瞭解我從未見過的阿公，我去東京拜訪阿公當年就讀的學校——日本齒科大學（昔日本齒科醫學專門學校）。當下我想，既然是學校，總會有畢業紀念冊一類的文件吧？至少可以看看阿公年輕時的照片。

事先，我寫信給校方，說明阿公是哪一年的校友，以及我正在尋找阿公的一切足跡，如果有相關資料希望校方可以提供。由於我不諳日文，第一封信是請友人幫忙翻譯的，隨後收到回信，我就在信中承認不會日文，改用英文溝通。信件被轉給一位負責校友會事務的沼部教授，他回信說，不巧阿公畢業那年遇到戰爭，當屆畢業紀念冊從缺，但有阿公在學校時的生活紀念冊和生活調查表。沼部教授並在信中附上生活紀念冊中阿公的照片和生活調查表的數位化檔案。

我帶著一盒鳳梨酥到日本去拜訪教授，謝謝他的回信。由於沒有事先約好，只是想途經送禮表達謝意，幸運的是沼部教授剛好在辦公室裡。他把我在信中附上的個人中文部落格，和我寫的信一起列印出來放在一個資料夾當中，他們做事真的非常嚴謹仔細啊！

沼部教授問我想不想去看當初的生活紀念冊？我當然是求之不得。他帶我到圖書館檔案室，位於一棟現代化建築的地下室。一排一排的書櫃都安裝在軌道上，按個鈕書櫃就會移動，讓拿取書籍變得更方便。我就在這很現代的房間裡看著七十年前的生活紀念冊。冊子上的大頭照約是我的手掌大小，沒有黏死而是四角嵌在書中。背面寫著阿公的姓名、生日、地址，攝影日期是昭和十五年十二月二日，這應該是阿公的筆跡吧？照片裡的阿公二十歲，留著小平頭，眉清目秀，眼睛炯炯有神。家人們也一致同意，年輕時的阿公和十多歲短髮的我，根本是同個模子刻出來的。

根據昭和十八年（一九四三年）阿公填寫的生活調查表，他當時住在澀谷區，靠山手線和中央線通勤，身高一百六十六公分，體重五十二公斤。崇拜的人物是法國微生物學家巴斯德（Louis Pasteur），嗜好是抽菸。

大學生的嗜好竟然是抽菸？還寫在交給學校的報告上？而且一百六十六公分、五十二公斤的身材，當年是怎麼打贏身為柔道跟游泳選手的日本學生的？

這就是阿公吧？那個高中就會跟日本同學打架打到被退學的阿公！

沼部教授又通過層層關係聯絡上阿公當年的同班同學遲沢文男先生，二〇〇九年高齡八十九歲的遅沢先生，家裡還保存著當年的畢業紀念冊。幾天後，遅沢先生的兒子把第三十四屆畢業紀念冊的掃描影像檔寄來。電郵中，遅沢先生對阿公這位昔日同窗還有印象，說他是個很開朗、樂觀的人。那本畢業紀念冊的狀況並不好，當時是一九四五年，二戰的最後一年，入學或是畢業典禮的照片皆從缺。然而，這當中有著阿公僅有的一張團體照，阿公是帶著笑容的。這也是我見過唯一一張阿公笑著的照片。

至於阿公當時的住處，澀谷區上智町在重新編目過後，位置應該在現今的惠比壽附近，廣尾一丁目。實際去走訪，廣尾一丁目範圍並不大，是個安靜的住宅區。但早已無從辨認當年的蛛絲馬跡。對於阿公在日本，能追尋的與無從追起的，我盡力了！

阿公的個性慢慢浮現出來，認識他的人不約而同說他個性很烈，對長他七歲的三叔，一起開業也是時常吵架。但對家族晚輩們都很好，不是買文具獎勵弟弟妹妹們，就是常常分水果食物給大家吃。他也許做事衝動不計後果？也許天性就反抗權威？中學時和他打架的日本同學是警官之子，對方又是游泳和柔道選手，體格應該也不會太差，當時日本警察算是權力很大的，他照樣和人家打架還打贏。

阿公在東北

關於阿公在東北的資料相對稀少，除了筆錄當中提到的部分經驗，我也參考其他臺灣人的滿洲經驗和歷史事件交互對照，特別是許雪姬老師的臺灣人在滿洲國相關研究。求學生涯中我一直是沒接受過歷史學科訓練的自然組學生，一下要面對這麼陌生的題目和領域，光是釐清背景資訊和事件經過，就花了不少時間。讀檔案、筆錄、判決書這些東西更是困難，一來是直接看單張判決書根本不知道在講什麼，二來是很多「數位化」的筆錄是圖像檔，要辨認各種手寫字跡非常辛苦，至今我仍有少部分字解讀不出來是什麼。

但是，一步一步的，慢慢勾勒出當年二戰時期的背景環境，也似乎在想像中逼近當年阿公的生涯路徑。阿公的職業生涯始於滿洲國合江省，終於臺灣屏東縣春日鄉。

一九一六年總督府公布《臺灣醫師令》、《臺灣齒科醫師令》，開始限制執業醫師、牙醫師的資格。自此，臺灣有了正式的醫療執照規範從業人員。到了二戰時的一九四二年二月，臺灣總督府也公布《醫療關係者徵用令施行細則》，依照本令，厚生省得以徵用醫師、牙醫師等醫療相關從業人員。

阿公於一九四四年從日本齒科專門學校畢業，依法被徵調去滿洲國當軍醫，十月起任職於滿洲國北部合江省鶴岡炭礦病院並執行外科業務。鶴岡市在現在的中國黑龍江省，離俄羅斯邊界僅七十公里。一九三二年日本建立滿洲國後控制煤礦礦區，鶴岡炭礦會社是其中之一，鶴岡炭礦病院則是會社下的附屬醫院。阿公的南二中同學翁通楹也曾任職於鶴岡炭礦會社，但比阿公早離開鶴岡並轉至滿洲國新京（長春市）[1]新成立的大陸科學院任職。

一九四五年八月八日蘇日戰爭爆發，一百五十萬蘇軍同時自北、東、西三個方向對滿洲發動攻擊。阿公於同年十月和社員家屬逃難至長春後，和其他在新京的十幾位臺灣人包括翁通楹、翁通逢兄弟，一同住在滿洲人靠近日本人的住區，通化街二〇二號房，這是如公寓的長排房屋。後來十幾個人住不下一小間房，就分兩間，部分人住樓下的二一三號房。

從黑龍江省鶴岡市到新京，路程約七百公里，當時鐵路已有部分被蘇軍控制，他們很可能是走路到新京，才會花上一個多月又折損將近一半的社員家屬，兩千六百多人中順利抵達新京的只有一千多人。抵達新京後一個月，阿公和翁通逢去看當初一同逃難來的日本社員家屬，凍死、餓死的達三分之一。

一九四五年八月二十日，蘇軍占領新京並實施軍事管制，日本戰敗後，蘇軍於一九四六年撤出，期間先由滿洲國軍隊維持治安，接著共產黨進來與中華民國國軍發生市街戰。中華民國國軍在第二次四平街會戰取得勝利後，臺灣人開始設法組團回臺。一九四六年五月十八日，共軍全數撤離四平街，五月二十三日駐長春的中共黨政軍機關撤出，換國民政府軍接手。

在這段期間，一同住在通化街的臺灣人只有翁通逢到滿洲人的醫院幫忙，略有收入。像阿公這樣從北滿逃難過來的人，除了一身衣物以外沒有任何財物。他們想辦法賺取收入，就去二道河批貨，賣一些豆腐、五穀、蔬菜等給不敢出門的日本人，賺的錢大家共用，連菸都均分。

之後，根據〈翁通逢先生訪問稿〉，他們是從新京第一批回臺的臺人。當時為了籌措回臺旅費，一九四五年五月，他們以臺灣人同鄉會的名義組織一間公司，做肉脯賣給日本人。回臺路程是先搭火車從新京到瀋陽，經錦州、山海關到天津，在天津住了將近一個月等船，接著坐船到秦皇島，經青島至上海，上海住兩星期之後才分批搭船，在一九四六年的八、九月間回到臺灣。

這段東北的經歷讓阿公對於蘇聯的印象相當差，他多次在筆錄中提及蘇聯兵落後、比不上日本，以及蘇聯兵的暴虐無道，讓他因此對蘇共有相當的疑慮。阿公在筆錄中寫道：

一聽蘇聯我的「快性」馬上發起來了。因為日據時代三十三年畢業的時候，被徵到國防工廠東北合江省鶴岡炭礦病院。蘇俄開戰時，炭礦的日本社員即日編入軍隊，而因我臺灣人沒有軍籍而不入伍，帶二仟六百名社員家(屬)都是隨逃走來長春，其中都是女人、孩子。其途中，被蘇俄兵強姦死、打死、搶的。到長春殘一千多人，甚慘無人道，再也沒有人比我看的清楚澈底。

翁通逢先生也曾在受訪時講述在東北的經歷：

黃溫恭來找我們將近一個月後，對我說：「翁！我們去看看跟我一起來那些日本人目前生活得如何？」「要去哪裡看呢？」日本戰敗後組織一個「日人在滿救濟協會」，「我們去問『日人在滿救濟協會』他們在哪裡？再去看他們。」他們來時是十月，經過一個月後已經是十一月天了。問到地址後，我們就和我哥哥去看他們。才知一起來的大概已經死了三分之一，有的餓死，有的病死。剩下那些人，情況也很可憐，在八疊的地方睡了將近十個人，十個當中不都是活人，也有死人，因天氣冷還不至於發臭。我問他們為什麼不把死的人抬出去？他們回道：「你看，活人也如死人，根本沒有力氣去抬？」「你們這樣男女的關係如何？」「無法管，顧性命就好。」當時日本人的處境很慘。

許雪姬老師所著《離散與回歸：在滿洲的臺灣人》中也記錄到：

到十一月，又看到一群（約一百個）年輕人，衣服都被扒光，身上只用稻草當衣服，走在零下二十度的街上。翁通逢看他們走路不太穩，心想這群人大概來日無多，尾隨其後，看見走進了日本小學校。三個星期後翁再往看：「學校運動場像個墳墓，我想到夏天那個死人坑會流出死人水，流行病可能就發生，看來不離開東北不行了。」

阿公親歷俄軍的侵略行為，對於蘇俄是完全沒有好感的。對於中國呢？他相信漢民族是比蘇俄更好的嗎？在筆錄中，可看到他過去對老吳（朱子慧，省工委高雄市委會成員）觀點的質疑，既然日軍侵略中國，搶劫中國不好，那俄軍是否比日軍更壞呢？從壞人蘇俄那裡傳來的共產思想遇到了中國人就會變好嗎？

東北返臺、經歷二二八

關於阿公回臺後的軌跡，他於一九四六年八、九月間返臺，隔年二月就經歷了二二八，他在筆錄中這樣說：

> 東北再也沒有建設的予地了。連發電機及一切工具都被搶空了，所以我抱熱烈的希望決心回來建設新臺灣，不料，回臺看的一切都是失望的，親自看著，岡山機場好好的飛機破壞一片一片的買做洗面盆，希望大而失望也大。如若我是很深想三思而後行的人，我可能這樣的想「不要失望有一天一定能好的」頭有寫過我的性質很快作禍我就食不下去了。由失望而變黑暗，所以我（返）

臺後一時突想做和尚食素，不要結婚了，一點事我都不想幹了。一年多以後，沒有辦法才結婚，為飯食才開業……。

光復以後，看見到東北被蘇俄，破壞那樣的利害，非常痛心。抱非常大的希望要回故鄉來建設，可是回來看的聽的，都是很失望的事情，看到陳儀那樣的做法，根本不是人，回來的時候抱的希望非常大的關係，失望也很大。

一九四七年三月六日，主張和平談判的「二二八高雄市處理委員會」守在高雄市政府禮堂內等待談判結果，彭孟緝手下丟手榴彈進去無差別攻擊，五、六十人遭到槍殺。市政府廣場唯一倖存者許國雄說，他的父親參議員許秋粽，死前用身體護住兒子不被機槍掃射，他父親的血和腦漿就這樣滴在他身上。[2]高雄市長楊金虎回憶錄提到：「市會議員有王石定、黃賜、許秋粽、陳金能……，其他市民代表者亦有數十名，或死在市府禮堂，或來不及逃跑，死在辦公室，及市府前後空地，死狀至慘。」[3]

隨後蔣介石調派二十一師登陸，何軍章領導的二十一師獨立團第三營抵達高雄車站後直接掃射人民，軍隊追擊逃散各處的民眾，至今高雄中學圍牆仍留有當年的追擊炮痕。之後清鄉更是開始對臺灣人進行報復性殺戮，例如相關檔案紀錄：「（人民導報社長）王添灯已被密裁」、[4]「（基隆市議會副議長）楊元丁被人暗殺，棄屍港中」、[5]「（制憲國代張七郎醫師父子共三人）在鳳林郊外番社執行密裁」。[6]同在高雄的阿公，又怎可能不聽聞或甚至親歷這樣的大屠殺？當追求和平談判的下場如此，他又能怎麼做？

如果遇上二二八的是我呢？我會想出家嗎？會一點事都不想幹嗎？又如何放下？處理委員會想要和談未果，還賠上性命，那也只能尋找其他解決方式了。

一九四七年，阿公借用叔叔黃坤城在路竹中正路上的見安診所中部分空間開設見安齒科醫院，這段時間他常去燕巢找南二中同學陳廷祥。陳家是燕巢大族，住在援巢中，有山有川，風景特別好，他中學時就和陳廷祥是好友，後來去日本約六年時間較少往來，回來後依舊常去陳家拜訪。一九四七年六月，建中校長陳文彬回老家燕巢時，他參與了幾次陳文彬主持的讀書會，研究國語、社會問題和讀新民主主義的書，但讀書會只持續到十月就停止了。

一九四八年初，他經由媒人介紹，和長他幾個月的楊清蓮小姐結婚，同年底長子黃大一出生。

一九四九年初，診所的一位患者盧燦圭常來找他聊天，阿公的筆錄是這樣寫的：

結婚後平凡過日，患者來來往往，有一個患者盧燦圭來治療，一聊起天來，感覺他常識非常豐富，而頭腦特別好。第一印想被他魅去了……他同時是一個參加匪組織的人，而鄉內都沒有人信用他，所以發展不下去。他一看我不知道他的過去，而很尊敬他，他常常來我的診所。無關有病沒有病（當時我開業牙科）有時間就來和我聊天，起初是聊天，慢慢地談起社會現像來，再來呢？就刺激我來了。聽他的講話條條有理，我越來越看重他，認他是個聰明而有熱情的人。

他看我能聽他的話時，就拿一張光明報來給我看。並說明這一張油印的貧弱的小報子是最正確的，最反影民意的。由好奇心，而問他這報由那地方拿來的，他不答，而說「假如你要看我介紹一個人來和你認識，他可以每期給你。」我就答應他，現在想起來這也是糊塗的很。後來他真的介紹一個人來，他介紹的說「這人是高雄市人吳先生」我就「ㄛ，吳先生，我姓黃」這樣的認識起來了。看起來他很聰明而有禮貌的樣子，很客氣的樣子。他差不多一個禮拜（有時候兩個禮拜）來一次。最初他是問我對那個報子感想什麼樣？我就問他日本教育沒有的字而字典也沒有的好多字問他，（如叒、众、口等）他很親的一一教我講「這就是中國新文化而來的略字、簡字」。我感覺很有理，報子裡面有很多的統計貪污了，政府的壞話了。感著很痛快，很有魅力，後來他慢慢地就談出政府的的是非。再而後來，他就用各方面的話及材料來啟發、刺激。像這樣黑天暗地有熱血的青年能果不理嗎？可愛的臺灣，可以不可以這樣繼續下去嗎？等，聽起來也有理，後來他講出蘇俄來了。「革命前的蘇聯是如何的，到現在還沒有多大的時間他們富強起來了，成世界一流的國家了」沒有聽到蘇聯就沒有問題，一聽到蘇聯我的『快性』馬上發起來了……所以我一一舉例來反駁他，「你說他們很富強，國民每一個人都生活有保証，那麼蘇俄兵搶最多最普遍的東西，你曉得不曉得呢？『自來水筆、錶、面巾』日本製最大眾的水兵牌萬年筆他們都沒有，而一條面巾都沒有。這能果講富麼？連不大好的筆他們國民都沒有，那生活可以講有保証嗎？」我用很多的實例來反駁他，他再也沒有話講了。可是他又講「我講的意思是他們短短的時間進步很多的。無論如何他們是大鼻子吧。我們漢民族是世界上最優秀的民族，他們決趕不上我們的。」一味著自己怎樣落後不寸進，自己也不肯講壞，這是人情之常。他馬上講世界上最優秀等等來迎合別人（即我）的心理……。

後來他拿好幾本的小冊子、雜誌（展望、老百姓、鈕司等）來，裡面過然有介紹匪區的事情，也有罵政府的……有一天他講「像你這樣有熱情的青年很好，可是你一個人如何能幹，一個也沒有辦法，團結是力量，最好組織一個團體來共同努力。」我聽起來有理，問他什麼團體。他說「臺灣建設同盟」聽起來名也很好，糊塗地就答應他。他馬上拿筆起來就寫「我一生願為人民而服務，若異背人民利益，願受嚴重之處分」他念我和他念以後燒去。以後也一樣地談談。以上是三十八年初起到三十八年三、四月間之事。

有一天他再叫我加入「民主同盟」我奇怪地問他「再有加入的必要嗎？」他說「你個人須要進步，能進步，我們的團體也須要進步，能進步，所以有必要」我再也糊塗地再答應了。有一天他再叫我加入「建設青年會」，我再也糊塗地再加入了。他再加一點理由是「常用一個慣用的名稱恐怕給人家知道」，可是以後兩個名稱都沒有臺灣兩個字了。其間他叫我盡量對我能信用的人，用同樣的方法宣傳加入……。

一九四九年初到三、四月間，阿公透過盧燦圭引介的老吳加入了「臺灣建設同盟」、「民主同盟」、「建設青年會」。這些名字，在今天看起來，實在有點兒戲啊！他這麼討厭蘇聯但還願意加入「組織」，應該是抱著建設臺灣的決心回臺，卻經歷了比蘇聯更大的失望吧！接下來，他開始跟這個老吳吵架了，筆錄裡寫到：

他再講一個例子來「海南島的游擊隊。如何菁英的很多的日軍都沒有法呢。就是和人民有很合作的關係」後來我就問「為何蘇俄來東北那樣壞呢？我國的東西搶一空呢，我說好多的例子（如白晝馬路上強姦、發電機拿走等）關於這一點他大概也辯解不下去，只說「那戰場是沒有辦法的，日軍來中國也是一樣的。」我再說「日軍侵略中國強姦女人搶東西，所以我們講他們不對，那麼俄兵比日本兵更利害。我們是不是可以講蘇俄是更壞的東西呢？

他講「像你這樣智識分子常常患『理想主義』的毛病，兵機來我有講過了。戰場沒有辦法，日本來是侵略的所以不，蘇聯來是打倒日本而開放我們的。那兵好壞這沒有什麼問題，小問題看做大問題就是毛病」我不能了解決再要問他，小孩子來叫我，患者來了趕快去，我就去診斷（離約二百公尺）患者看完，我回來的時候他們已經不在了。這事是出蓮霧（水果）的時期所以八月左右。後來，姓吳的來的時候罵我罵的很利害，什麼精神上有很多的毛病了，不客氣了。我也不客氣的問他「不了解的事須要徹底追究，不要客氣。不知道、不明白的事不可當做知道、明白。這話是不是你常常教我的嗎？」我也很不客氣反駁他……。

以後，姓吳的來我家是十月中旬左右，他這回這樣講「現在宣傳的三七五，是要保持著地主的地位用小利來騙細農的，絕不是照三民主義裡面地權平均的第一步，絕不會實行地權平均的。你看，這是大陸的土地辦法。我一看就問他「按人口來分土地是可以的，不過一家人可以增加減少的。如一家夫婦二人孩子四人，這家可能分配比年青的夫婦二人（沒有孩子）更多，而前者之夫死了，女人沒有多大的勞動力（因哺乳的孩子也有）孩子也不能耕田，那土地也不能賣，不能租給別人，那怎麼辦呢？而後者，最初青年夫婦兩人食的夠（足），後來一年一個孩子，五六年以後，怎麼辦呢？他不能答就講「你不能坦白接受，講來講去講理由，這是智識分子的毛病，你再研究一下。我下回來你一定要弄明白」他回去了。可是我越看越感覺矛盾。如若學校、寺廟、團體也不可有私有田佃，為那私立學校，在來是依靠田地來開辦的，那麼那個學校要關閉起來嗎？不但人口問題有矛盾，其他越研究越多。可是他下回就永遠不來了。

老吳，本名朱子慧，獅甲國校教師。他是地下黨「高雄市工作委員會」的「文教系統」總負責人。一九四九年，基隆、高雄等地的地下組織曝光，進而牽動全臺。高雄市區破案甚早，十一月上旬朱子慧、盧燦圭先後被特務抓去。但盧燦圭被捕後，並沒有講到與黃溫恭的關係。之後朱子慧遭槍決，盧燦圭判刑十年。

盧燦圭

大約一九四九年三月到十月間，盧先生和阿公認識，並將「老吳」介紹給阿公。十一月，盧燦圭和「老吳」都因為高雄市委會的案子被捕。盧燦圭一九一三年生，被捕時三十六歲，出獄後已四十多歲。二〇〇八年我看到阿公筆錄關於盧先生的事情時，我們並不認為他還在世。

誰知道奇蹟似的，二〇一〇年傳凱竟然收到盧先生尚在人世的消息，他住在屏東潮州的養老院。我們立刻約了時間，開車前去拜訪。抵達時，高齡九十七歲的盧先生已經在走廊上等我們了！他個子不高，但身體硬朗、神智清楚，說話很有條理，還打趣地說他在養老院中是負責掃地的，他不用枴杖也還能走路做事。寒暄過後我拿出阿公的照片，他第一句話就是：「這個人我吸收的。」

至此，除了官方筆錄之外，也有了人證，證實阿公當年的確有入黨。但盧先生也說他並非阿公的上級，阿公的上級是一九四九年間因高雄市委會案被捕的「老吳」，而老吳在筆錄中並未托出阿公。

那是個非常魔幻的下午，我們從沒想過能找到筆錄中的直接關係人，即使知道他還在世，也沒把握如此高齡的他還能記得當年的事情，或是身體狀況允許他能接受訪問。但就這麼冥冥中天注定，盧老先生不只在世，也還記得，並且他也願意說。一看到照片，他就直接說當年是他吸收我阿公的，後來盧先生在二〇一六年以一百零三歲高齡過世。

前往春日

老吳被捕時並未提及阿公，但阿公也感到危險進逼，他在筆錄中這樣說：

越來我越感不安而良心上越苦……而又怕政府知道，所以決心要離開路竹。可是到那地方去才好不知道。有一天自少的朋友同村人蔡清池來我家講「山地缺醫師你來吧，好景好，空氣好，我太太在衛生所任護士。」我就馬上決定了。有一天到燕巢去玩，陳廷祥介紹一個人，就是春日國校校長李當鎰。問他詳細我就去了。到春日鄉是要斷開過去的關係，重新做人的動機以外沒有，所以連妻子都帶去，有事以外不下山。

一九五〇年三月至一九五二年九月，黃溫恭在屏東縣春日鄉衛生所擔任主任醫師，一九五一年三月長女黃鈴蘭出生。在春日鄉的日子，阿公提到：

我苦幹的結果是驚人的戰績，本來山胞的人口是年年減少的，四十年度增加六七十多名，這是有史以來的一年。

有一天我對尊敬的王金水先生（五九黨部聯軍）老實講，叫他救我「我是這樣……的，你有辦法救我沒有」他笑的講「你這樣好腦筋，這樣的事還不能麼，沒有問題我和你一同去黨部自首，我用我的人格生命來保證你的將來」我們兩個人馬上到黨部去自首，一到縣黨部看到他們工作人員每個都很親切，民主，我很高興，馬上回去路竹叫馬玉堂黃金清兩個人自首，他們也想自首，可是沒人引進不敢去，我一回去他們非常安心、高興，馬上和我一同來屏東縣黨部自首。

跟國民黨屏東縣黨部自首？黨部發自首證？我讀到這段是相當氣憤的，早就知道黨國不分，還真沒想到不分到這種地步！在那個年代，反國民黨等同反對國家。他反的是那個帶來二二八大屠殺的國民黨，而臺灣卻被國民黨竊占了。

二〇〇九年我們拜訪阿公帶去自首的黃金清。他同是黃家人，是阿公的同宗也住後鄉村，弟弟黃金火仍住後鄉村老家，黃金清先生則住在路竹火車站附近。當時去的有我、媽媽、傳凱和易澄。過去拜訪時，才剛坐定，我拿出阿公的照片，黃先生和媽媽同時哭了起來。我手足無措，除了忍耐不要跟著哭以外，做不出任何反應。

傳凱訪談經驗豐富，可能已經習慣這樣的場面，他很鎮定地安慰黃先生。平日我很少看到媽媽哭，而且我們還是在別人家，有很多人在場我更不知道該怎麼辦。

後來，再去訪問別人時，我就不跟媽媽一起去了。

黃先生提到，當時他們沒特別做什麼，開了幾次會討論時事，阿公拿《光明報》給他看過幾次，接著有天阿公說要去自首，就帶著他和馬玉堂到國民黨黨部，拿到一張自首證後回家。馬玉堂的女兒當年是在阿祖的中醫診所幫忙抓藥的員工，阿公可能因此認識馬玉堂，但馬玉堂早已過世多年，我們無從訪問。拜訪黃金清當天，他太太也說，阿公總是帶著水果，看到他們就會笑瞇瞇地請吃水果，對他們這些鄰居晚輩們都很友善。

黃溫恭自首之後去找了陳廷祥並告知自首一事，陳廷祥說他還要再想想。阿公的筆錄是這樣說的：

> 去年十一月我自首的時候，馬上去他家裡老實告訴他「我苦得不得了，我自首了，我也是希望你自首。你到現在陳清祈以外，還有發展誰沒有？如若有你也一定同自首才好」他講「政府雖然講有保證一切，可是保證到什麼程度，我

再研究看看你以後如何。你剛自首所以有保證沒有保證我不敢相信。」

最終，陳廷祥沒有自首。但他於農會發展的一些成員自首了，交出了陳廷祥。案名「臺灣省工委會燕巢支部案」，陳又說出了黃溫恭，阿公被以「自首不誠」初判十五年徒刑。蔣介石改判為死刑。阿公和陳廷祥兩人於一九五三年五月二十日，槍決於川端橋南端刑場。

我和傅凱一同去拜訪過燕巢案唯一還在世的當事人，當年十九歲的岡山中學生呂碧全。呂先生至今仍住在燕巢同樣地址，和阿公的兒時好友陳廷祥家依舊是鄰居。那是一整排連棟透天的老房子，光線不多的狹長老式客廳，走進去就彷彿就回到小時候在爺爺奶奶家的場景。事先聯絡時我們已告知來意，一坐下，呂先生就直接說這案子與他無關，他是因為讀臺中農學院的二哥呂從周捲入其他案子又逃亡在外，特務們抓不到他二哥就隨手抓了他充數。又剛好大家同在燕巢都是鄰居，和陳家又是表兄弟之親，就併案一起判了。但他提到，在獄中見過阿公幾次，「他被刑得很厲害。」就這麼一句，我無意識地緊抓傳凱的手，但我問不出口任何關於刑求的細節，也無法去聽。傳凱多年後和我抱怨，我抓他的手抓得很痛，我倒是完全想不起來。

阿公在遺書裡提到「送回去的兩顆牙齒」，那背後之意至今我仍無法面對。當時我聽不下去也問不出口，到了今天依舊如此。呂先生又提到牢中幾次交談，包含阿公請他繼續他在春日的研究：香菇的培養基。阿公相信，人工培養香菇的關鍵就在培養基，只要能研發出對的培養基，人工培育香菇指日可待。另一件事則是請他轉達給X先生，說：「將來就交給你們了。」這件事，呂先生明確說出X先生全名，但X先生是小阿公很多屆的學弟，也不似這兩人會有交集。事後，我試圖聯繫X先生，但他所屬的基金會祕書代為回覆，表示不認識阿公。

至此，我已盡全力打聽。即使知道人死不能復生，縱使徒勞無功，絕不無疾而終。我從零開始記憶阿公，也希望他能重新再被記得，我們可以共同抵抗遺忘。追尋之艱難，在於記憶鮮明時失語，人人心中都有個小警總。到了也許可以開口的時候，還保有這些記憶的人早已凋零大半，只剩零星隻字片語。

阿公走了，剩下來就是我們的事了。

注釋

1 新京為滿洲國首都。一九三二年三月九日滿洲國成立，定都長春，同年三月十四日改名為新京，直到一九四五年十二月二十日，才復名為長春。

2 陳永興，〈死裡逃生的牙醫教育家 許國雄（一九二二至二〇〇二）〉，《民報》，二〇二一年四月十日，https://www.peoplemedia.tw/news/84cd7531-c866-4073-8ec3-0f78c8d5aad3。

3 李筱峰，〈六十九年前的今天，高雄大屠殺！〉，《自由時報》，二〇一六年三月六日，https://talk.ltn.com.tw/article/paper/965291。

4 許雪姬主編，〈件名一：張秉承致電言普誠報告王添灯已被密裁、陳復志已被槍斃〉，收錄於《保密局臺灣站二二八史料彙編（一）》（臺北市：中央研究院臺灣史研究所，二〇一五），頁七四。

5 許雪姬主編，〈件名一：林風致柯復興代電報告基隆叛徒暴亂情形〉，收錄於《保密局臺灣站二二八史料彙編（一）》（臺北市：中央研究院臺灣史研究所，二〇一五），頁二四至二五。

6 許雪姬主編，〈件名一：張秉承致電南京言普誠報告張七郎被密裁案〉，《保密局臺灣站二二八史料彙編（三）》（臺北市：中央研究院臺灣史研究所，二〇一六），頁一一七至一一九。

五——遺書及後續

《國防部公文》

受文者：總統

事由：為叛亂犯陳廷祥等業已執行死刑謹檢附執行照片及更正判決轉請核備；二、茲據該部……號呈以業將叛亂犯陳廷祥黃溫恭兩名於四十二年五月二十日綁赴刑場執行槍決檢呈執行照片暨更正判決請核備。三、謹將上項執行情形連同受刑人陳廷祥黃溫恭兩名生前死後照片各一張……

我從沒想過，他生前最後一張相片，竟然是在這樣的情形下拍攝的。照片很小，我分不清他臉上的神情，似笑非笑，見不到驚慌懼怕，反而是某種安詳與篤定。無從想像起，最後一夜，他是如何度過的？公文寫到，夜半兩點開庭，六點執行。想來就是在這四小時之中，他寫下那五封絕筆信。然而，信卻到不了他親愛的妻子與子女手中。天地何以待他如此？

留給心愛的清蓮

一九五三．五．十九　夜

永別的時到了。我鎮壓著如亂麻的心窩兒，不勝筆舌之心情來綴這份遺書。過去的信皆是遺書。要講的事情已經都告訴過妳了。臨今並沒有什麼事可寫而事實上也很難表現這心情。我的這心情妳大概不能想像吧……為表達我如何疼愛著妳，絞著最後的精力一字綴一字……請妳體察我此情！

……

請妳替我向大家道謝生前之愛顧。大家對我極好無比的了，我相信此後他們對妳也一定繼續很好的。非常誠懇地祝福他們的康樂！祝福兒子們的健康！無止境的進步！祝福妳的青春永存！幸福！快樂！我這拼命的祈願確信一定能達到的。

我的死屍不可來領。我希望寄附臺大醫學院或醫事人員訓練機關。我學生時代實習屍體解剖學得不少的醫學知識。此屍如能被學生們解剖而能增進他們的醫學知識，貢獻他們，再也沒有比這有意義的了。以前送回去的兩顆牙齒，可以說就是我的死屍了。遺品也不必來領。沒有什麼貴重值錢的，予定全部送給難友們。謝謝妳的很多小包、錢、及信。對不起。

嗚呼！最後的時間到了……緊緊地抱擁著妳的幻影我冥目而去……

再給我吻一回！喊一聲！清蓮！

這是阿公手寫五封遺書中的第一封，也是最長的一封。我從那疊申請到的檔案中發現這封遺書時簡直不可置信！那是夜半，止不住的淚水從我臉上滑落。之後一遍一遍地重讀，每次帶給我的情緒衝擊始終不減。究竟是怎樣的政府，要取走他的性命，而他，又是如何地想著要貢獻自己。對三十三歲，方當盛年的他，我相信送回去的兩顆牙齒，不會是自然掉落。但我已無法再思考下去，究竟當時，是何等非人的遭遇。而他，是我的血脈至親。

阿公走後數日，才由路竹當地警察送來被槍決的通知書。阿公的父親黃順安面對惡耗當場暈厥過去，隔日阿公的大妹黃嫣和鄰人隨即北上想要領屍，但阿公已被葬在臺北六張犁公墓。直到七、八年後，方由阿嬤和黃嫣北上撿骨，撿回的骨骸放置於長型盒子中，暫放家中三合院五間房，數年後改葬路竹第一公墓。每年清明祭祖時，阿公的弟弟妹妹均會去掃墓祭拜。

一九七六年因應政府的「公墓公園化」政策，公墓遭廢除，阿公的遺骨再度被撿入金斗甕中，放在路竹鄉立納骨塔，阿公大弟黃中平依舊每年前去祭拜。二〇〇四年起媽媽、舅舅和阿姨也會去祭拜，但納骨塔管理不善，祭拜時還可以看到前一年的花依舊放在原處。大家商量之後，決定遷到臺北管理較完善的私人納骨塔。二〇〇七年三月將阿公的遺骨遷出，並火化安置於臺北慈恩園，二〇〇九年阿嬤過世後，同樣火化安放於阿公旁邊。五年夫妻，五十六年死別，終於又歸到了一塊。

阿嬤的旅程終點——二〇〇九年七月二十二日

二〇〇八年底發現遺書時，阿嬤癌末住院多時。她長年患有阿茲海默症，不太認得人。本來我們想等她身體狀況好點，挑個她頭腦清醒的片刻，再把遺書拿給她或唸給她聽。只不過，我們始終沒能等到這一刻。

阿嬤退休前是小學老師，老年時儘管因為疾病導致身體機能和認知能力嚴重退化，但仍保有識字能力。我還記得陪她從醫院出來搭捷運時，她瞇著眼睛看捷運上的宣導圖片，唸出上面的字，為自己能唸出字而開心地笑得像個孩子一樣。

二〇〇九年七月十九至二十二日是陳文成基金會舉辦的綠島人權體驗營，地點在從前關押政治犯的綠島新生訓導處。我作為小隊輔，和隊員們一起度過三天。營隊結束前一晚，我接到媽媽來電，說阿嬤狀況不好。當時已是晚上十一點多，沒有任何交通工具能離開綠島。我和媽媽說：明天回去。

當晚，工作人員開會到清晨三、四點（這是很多營隊活動的惡習，工作人員也是人，也要休息睡覺的呀！）。我和幾個朋友索性不睡了，邀同行的柯志明老師去泡朝日溫泉。我們一邊看日出泡溫泉，一邊和老師聊當年他父親柯旗化兩次入獄又回家之後的相處點滴。老師的這趟行程，可說是傳凱用盡心思促成的。傳凱先是請另一位老師鼓勵柯志明老師重返綠島，行前，老師在答應去綠島的回信上寫著：「三十年了，好像也應該去面對，那些不想面對的回憶。」隨著營隊開始，一天、兩天，老師慢慢地可以開口談他的父親。老師說，要將這件事說出口，也經過好久好久的時間，上臺分享時，從破碎的片段，到完整訴說。那個當下，那些回憶和傷痛終於可以用語言傳達。

老師叫我一定要提早回去，他說當初想幫自己的父親出回憶錄，在排版好沒多久，父親就過世了。

從溫泉出來後，我搭上當天最早由綠島開往臺東的船班，再搭飛機回臺北，回家抓了遺書影本直奔醫院。下午三點，我人已在耕莘醫院，等阿姨從新竹趕到，醫師表示不再打強心針。能趕到的家屬全圍繞在阿嬤床邊，我站在阿嬤床前，把阿公將近六十年前在軍法處死刑犯獨居房桌上寫給愛妻的遺書，反覆唸了兩遍。阿嬤是有聽到的吧！

阿嬤過世前，我們沒能拿回遺書正本，讓阿嬤親眼看一看、摸一摸阿公親筆留給她的信。

終其一生，阿嬤從未見到此信，也不曾再婚。歷史沒有如果，但如果，信能在當年送達阿嬤的手中，是不是，阿嬤可能有一個不一樣的人生？

心愛的清蓮

我的阿嬤楊清蓮，一九二〇年出生於臺南市大正町，是楊家三男五女中的四女，下面還有一個小兩歲的妹妹。楊家當時是大家族並未分家，阿嬤的父親早逝，主掌家計的二伯開匾額／裱框店。原先她有念小學，後來不知道怎麼不念了。九歲時又跟七歲的妹妹一起再念一次末廣公學校，一起畢業。

小學畢業時，三哥從臺北醫專畢業，在臺南醫院當醫生，也在家開業。家裡看阿嬤年紀比較大，能做事，打算讓她去三哥診所幫忙配藥，不繼續升學，把念書的機會留給小妹。誰知小妹考省南女失利，阿嬤見機問二伯能否把讀書的名額讓給她？但當時省立高中的考試已經結束，只來得及報名私立長榮女中。長榮女中是教會學校，學生們常到二伯店裡裱框，二伯認為這間學校的女學生氣質很不錯，雖然家裡並不信教，但也同意讓阿嬤去試試看。

阿嬤順利考上長榮女中，當時高中畢業的人不多，畢業就能取得教書資格，於是她的第一份工作是在盲啞學校教書，在這份工作中她學會手語和按摩。幾年後，阿嬤相親認識小她幾個月的路竹牙醫師黃溫恭，兩人結為連理。婚後她很快懷孕，長子黃大一出生後不久，黃溫恭的工作開始不穩定，他把路竹的牙醫診所收了，先是去高雄中學當幾個月校醫。接著全家又搬到屏東縣春日鄉山上，黃溫恭擔任春日鄉衛生所主任，楊清蓮在春日國校當老師，生下長女黃鈴蘭。

一九五二年的一天，阿嬤早上起床，挺著六個月身孕走到黃溫恭時常過夜的雞寮，卻找不到人。她的生命從此產生天翻地覆的變化。

當時阿公有個嚴禁他人進出的雞寮，充作他的實驗室。他在其中做各種實驗，其中之一是栽種香菇，他嘗試找出人工培植香菇的關鍵培養基。晚間，他也常留宿雞寮，沒有回到鄉公所的宿舍過夜。

他憑空消失後，阿嬤打電話給婆婆求援。婆婆是黃溫恭的繼母，兩人雖無血緣關係，但婆婆非常疼愛這個大兒子。不識字且裹小腳的婆婆，千里迢迢從路竹後鄉村來到屏東春日山上，把長孫大一先接回家照顧。還因為把身上帶的錢全部留給媳婦，差點回不了家，只好和枋寮車站的站長借錢買車票。

阿嬤則是帶著一歲多的女兒和六個月的身孕回娘家待產，後來才收到黃溫恭被捕的消息。三個月後，寶寶出生，是個女兒。她寫信告訴在保安司令部關押的丈夫這個消息，也寄錢和物資給在獄中的丈夫。

在春日懷上的這個女孩取名為春蘭，「蘭」從姊姊的名字鈴蘭而來，「春」則是紀念在春日的那段日子。春蘭滿月時，阿嬤帶著春蘭去相館拍下第一張滿月照，寄去給人在保安司令部、從未見過這個女兒的黃溫恭。此時阿嬤依舊帶著一絲盼望，希望丈夫能平安回家看兒女長大。

這樣的盼望，被那個叫作蔣介石的人，用一枝筆和五個字輾碎了。

蔣介石在判決書上，用一枝筆決定了他根本不曾親自審判、或親眼見過的黃溫恭的命運。

一九五三年五月四日，蔣介石批示「黃溫恭死刑，於如擬」。十六天後，來自路竹的年輕醫師黃溫恭命喪川端橋南端刑場，享年三十三歲，留下同年的遺孀和襁褓中的一子二女。有段時間，阿嬤和三個小孩住在娘家，四人擠一間榻榻米。同住的姪女夜半起床上廁所時，多次目睹阿嬤看著三個熟睡的小孩默默掉淚。

阿嬤母兼父職，一肩挑起養家和育兒的重擔。她到路竹國校擔任教師，一教就是三十多年，直到退休。她的公婆和娘家並沒有因為黃溫恭過世而捨下他們母子，或對他們另眼相待。暑假時，孩子們常在爺爺奶奶家度過，娘家親戚也屢次伸出援手，開醫館的哥哥曾救活她體弱多病的女兒。還有開冰店的姊夫，在姊姊早逝後再婚，和楊家已無血緣關係，但依舊照看著孩子們，只要孩子們來訪，一定會請上一碗冰或一杯紅茶。當年的慷慨成就了春蘭的童年記憶，他們儘管失去父親，依舊在兩個家族的愛中長大。

人亡，家未破

幾年過去，長子大一要考初中了。為了孩子們的教育，阿嬤舉家從路竹遷到臺南市，和姊姊一家同住，一家四口過了好幾年擠一個房間的日子。好不容易存了點錢，又得到婆家與娘家的支持，在臺南買塊小小的地，蓋自己的房子。一家人總算有個落腳之處。

然而，孩子們有學校上，阿嬤卻被困在路竹國校，她幾度申請調動卻怎麼也無下文。比她資淺、年輕的教師都成功申調，她卻日復一日，只能趕清晨五點多的第一班火車出門，再走十多分鐘到校，回家時早已天黑，甚至兒女都已就寢，同樣的路程她重複了幾十年，直到退休。

一九八七年解嚴後，對她的監控依舊存在，阿嬤在經濟情況好轉後曾和同事一同出國旅行，但回來之後卻只有她一人必須寫報告書上交。即使一路上充滿困難，她還是將三個孩子拉拔到各自成家立業。阿嬤不曾再提起阿公，她將這一切鎖進回憶中，直到人生的終點。她這一生，又豈能用辛苦兩字帶過？

阿嬤退休後不到一個月，我弟弟就出生了，弟弟小時候是阿嬤照看著長大的。只不過，阿茲海默症侵襲的最後那十多年，阿嬤漸漸地不再是阿嬤。她看起來像是阿嬤，但不再認得和她共同生活過的我們，不知道今天星期幾，也不知道自己吃過飯了沒。如果可以，我真希望能抹除這段最後的記憶，十多年太長，長到我幾乎快要記不得原先那個有自我意識的阿嬤真正的模樣。命運何曾公平過？也許，失憶是另一種忘記苦難的方式。

父女未曾相見之憾

最疼愛的春蘭

一九五三．五．十九　夜

妳還在媽媽肚子裡面，我就被捕了。父子不能相識！嗚呼！世間再也沒有比這更淒慘的了。隨然我沒有看過妳，抱過妳，吻過妳，但我是和大一、鈴蘭一樣疼愛著妳。春蘭！認不認我做爸爸呢？慕愛我嗎？慚愧的很！我不能盡做爸爸的義務。春蘭！妳能不能原諒這可憐的爸爸啊？

春蘭！我不久就要和世間永別了。用萬分的努力來鎮靜心腦，來和妳做一次最初而最後的紙上談話吧。我的這心情恐怕妳不能想像吧！嗚呼！臨於此時不能見妳一面，抱妳一回，吻妳一嘴……我甚感遺憾！長恨不盡！

我相信妳很切實地愛要知道爸爸的事及爸爸的面貌吧！關於我的事，請媽媽講給妳聽聽吧。爸爸回臺以來照的像片不多，沒有適當的像片可給妳。連結婚紀念寫真都沒有照過。我告訴妳，如果妳要爸爸的像片。由醫專的同學，孫瑞辰先生亦王萬全先生借我醫專畢業紀念照的像片來復照吧。

那相片有兩張，一張是穿制服，戴角帽。一張是穿西裝。

春蘭！如果可能的話，爸爸希望妳做頂好的律師。這是爸爸片面的妄想而已。可能的話是萬分湊巧的。但不可能的話，那不必勉強照這樣。

爸爸相信妳的身體、性質、頭腦都很好。我相信妳的將來一定是光明燦爛的。

春蘭！妳不可因失了爸爸而灰心自暴自棄，走入歧途。爸爸希望妳，克難、努力，成為社會最有用的好人材，過著愉快而有意義的人生。

爸爸囑望妳好好的聽媽媽的教訓，和哥哥姊姊要互相勉勵、協力。充滿著求知渴望的精神日日求進步。

爸爸非常誠懇地祝妳，健康！美麗！愉快！及無止境的進步！

嗚呼！離別的時間到了。連喊著妳的名春蘭，春蘭，春蘭……爸爸冥目而去了。

媽媽當年並沒有收到信。五十六歲生日前夕，我拿給她信件影本。後來，她說這是她遲來的五十六歲生日禮物。當時媽媽已經在大學任教多年，專長是化學。看到父親要她當律師的期望也晚了。

媽媽說這是五十六年來第一次感覺到她是有父親的，第一次感受到父親的愛。即使這個父親從一開始就缺席，隔著信紙，她依舊能感受到愛。

我作為女兒，又作為媽媽和她父親之間的橋梁，不知道該怎麼去面對媽媽的情感。

對我而言，媽媽就是媽媽，我想像不出媽媽作為女兒時的情景。這個設定讓我當機。我不知道對她來說，父親的缺席又是什麼？或者說，我們的人生並不共享，我們有各自的人生與視角去面對這份傷痛，這不是能互相交換或代言的。

我問過爸爸，當初和媽媽交往時知道這些事嗎？爸爸說，知道阿公是被抓走的，也知道媽媽當年無法出國的原因可能和這有關，但詳細情形媽媽自己都不知道了，他當然更不清楚。他們在成大相識相戀，當時爸爸是化工系研究生而媽媽是系上的助教，媽媽說無法出國對她的打擊太大，萬念俱灰下就隨便找了份助教工作餬口，也因此遇到爸爸。那時系上有個講師對媽媽示好，不過媽媽選擇當時還是學生的爸爸。從身為女兒的後見之明來看，媽媽的選擇非常成功，爸爸真的是非常好的人。當時也有人介紹對象給媽媽，對方是旅外僑民，第一次見面對方提到將來有回國打算，媽媽當下只能拒絕說：我不想出國。實情是她無法出國，而非她不想。但其中種種緣由也不方便和第一次見面的外人說，只好化成一句「我不想」，自然也沒有第二次見面。

媽媽一路品學兼優，非常認真念書，也從未違反過任何法律，卻因為阿公的關係無法出國深造，讓她非常的痛心和憤怒。但她靠著自身的努力和爸爸一起打拚，也迎來了穩定的人生，並生養我們長大。

體制外的阿一

一九五三・五・十九　夜

最疼愛的大一

一，你是我的寶貝！我如何疼愛著你，我相信你也知道吧。我不久就要和世間永別了。臨於此時不能和你作最後的話別、最後的擁抱、熱吻，我甚感遺憾！我的傷心真是達於極點了。對於浮世，我並沒有什麼留戀，唯一的留戀是不能親眼看到你的成器。一，你不可因失了爸爸而灰心，自暴自棄，走入歧途。一，我知道你的先天是很好，如果你的後天能夠配合的話，你的將來是非常的光明燦爛的。

……

我的心亂如麻，清楚得如刺、如割……一切將要完了……過去的一幕幕在腦海裏依次地映著……抱你在路竹遊玩的街道……在春日和你餵雞、鴨……一塊兒吃木瓜、甘蔗、鳳梨等水果……一塊兒遊玩的山坡……枋寮、水底寮……你最高興回去的家鄉……嗚呼！一切都如夢一樣的……兒童心理學明明有記載，教育上不可打，可是因為修養不夠，爸爸打你好幾次……你有沒有恨爸爸呢？到今還記著，並且內心苦悶著……一九五二年六月下旬因發脾氣要打媽媽失手打到你右頭頂部，那個瘀痕是永久不會消滅的，同樣的我的罪惡也不會消滅的。一一，你能不能原諒你可憐的爸爸啊？

最後的時間到了。我希望你成為鋁一樣有用的人材。爸爸很誠懇地呼喊祈禱你的健康！快樂！進步！我幻想著二十年後成人的你的偉姿瞑目而去了……

我的寶貝！阿一！阿一！

舅舅的人生多采，難以一句話總結。阿姨說小時候舅舅常打她，也常和鄰居孩子起衝突。成年後的他熱中於各式筆戰，我曾在他人的回憶錄中看到一篇在罵舅舅。也可能，他的武裝是他面對創傷、回應世界的方式。

舅舅從中興化學系畢業後赴美留學，關於他為何能出國而媽媽不行，我們至今沒有答案，警總也從未給過答案。舅舅先在波特蘭取得化學碩士，接著念俄亥俄州立大學生藥學博班，但未完成學業。其後在美國與瑪莉舅媽結婚，生下一子一女，也曾任職於波特蘭環保局。一九九〇年代，他回臺長住，這時他在蘋果電腦工作，也在電腦雜誌《熱訊》撰文，但我們家真的沒人搞得清楚他到底在做什麼。我小學時他就已經把興趣轉到礦石上，之後是化石，接著進階到挖恐龍，他會在暑假開團帶隊去美國挖恐龍。再後來，機緣巧合，他當了某催眠大師來臺的現場口譯，開始接觸催眠，也出版好幾本這方面的專書。

我從來沒搞懂過舅舅，他是個神奇的人，我偶爾會google看看他的最新發展。他先後因為對古生物學的研究在國際知名期刊《自然》（*Nature*）發表數篇論文，甚至登上封面，講的是恐龍胚胎學。但他並未在任何研究單位擔任全職，都是在與人合作的狀況下做他想做的事，我至今無法理解這是如何辦到的。

總之，他一直在體制外過他想過的人生。

當初，我申請到遺書和其他公文檔案後，把全部資料都給媽媽，再由媽媽轉交給舅舅和阿姨。一開始舅舅說他太心痛了無法讀這些檔案，我能理解每個人處理這些傷痛的方式不同。但後來他接受《聯合報》高凌雲記者採訪時，記者寫出來的報導說阿公在東北被共產黨抓走，為求脫身只好加入共產黨。這我就不懂了，舅舅如果有認真讀檔案，就會看見筆錄中阿公對於俄國共產黨是非常反感和不滿的。為此我當面問過舅舅，阿公在東北被共產黨抓走因而加入共黨的依據在哪？是不是舅舅知道更多我沒有追查到的部分？他回我說：「我們不能否認這個可能性，但我沒有說他被抓走，是記者自己亂寫的。」

這是關於阿公故事版本歧異的原因。但根據我之後找到的〈翁通逢訪問稿〉，他詳述阿公是如何從北滿逃難到長春，以及後來在長春的臺灣人如何分批回臺的經過。以目前出土的資料來看，阿公在東北並沒有被共產黨抓過。

也許舅舅需要的是「合理化」他父親為何加入共產黨，而說出一個他想像中的版本。也可能他根本就沒有說，是記者寫出一個完全不同的版本。在這版本中的阿公是「被迫的、是不得已的」。就像媽媽的版本是「黃家子孫都很優秀，所以阿公也很優秀」一樣。面對同樣的事件，我們各自有不同的理解與詮釋，只不過這些阿公也都看不到了。

舅舅於二〇二二年初診斷出小細胞肺癌，二〇二三年一月十八日於化療中過世。隨後依他的遺願送進馬偕醫學中心成為大體老師，家屬都能理解他的決定，他在替他父親完成願望。而關於舅舅的自我認同和家人間的衝突，隨著他的離開也畫下句點。舅舅反國民黨、反蔣介石，但他的自我認同是中國人，這點與黃家其他所有人都不相同。媽媽、叔公（他們的叔叔，阿公的弟弟）等為了這點已經不知多少次與舅舅有過爭執，連我也都曾含蓄地和他「討論」過，但誰都無法改變彼此。雖然自認是中國人，由於第一段婚姻與美國人舅媽結婚的緣故，舅舅實際上拿的是美國護照。

自小失去父親的舅舅也走了，願達成阿公遺願的舅舅和阿公能在天上重新相聚，無病無痛。

長期監控，生存的艱難

二〇一八年促進轉型正義委員會（簡稱促轉會）成立，二〇一九年促轉會開始執行「監控類檔案開放閱覽之當事人意見調查計畫」，媽媽和阿姨因此見到國家對自己的監控檔案。媽媽從高中開始就有被監控的紀錄，這些紀錄有些詳細、瑣碎到令人吃驚的地步。家族的苦難，並不因阿公過世而終結，留下來的人被長期監控和面臨各式阻礙。包含阿嬤和她的三個小孩，阿公的父親、繼母、弟弟妹妹們，全在監控列管範圍之內。

根據促轉會《任務總結報告》揭露的部分檔案：

黃大一與黃武南就學期間，因屬學校保防範圍，臺灣省警務處處長周中發函至國民黨中六組主任陳建中，報請移轉考管，副本抄送警備總部總司令陳養浩。[1]

黃良吉奉教育部核准自費前往美國留學，高雄縣警察局亦通知臺灣省警務處，並將其申請書密送警總入出境管理處參辦。[2]

依據媽媽看到的監控檔案，一九七六年臺灣省警務處的報告是這樣寫的：「黃春蘭於民國六十四年六月十七日畢業於東海大學化學系，原申請獎學金欲前往美國留學，因迄未接獲通知，現表示不願出國留學，並已於民國六十五年九月十四日在國立成功大學任助教。」媽媽看到這份監控檔案時，她氣死了！什麼叫作她不願意出國留學？明明就是政府阻礙她，護照證件都辦不下來，她出不去又癡癡地等了一年，才只好另找工作。竟然被說成她不願出國！

而媽媽的姊姊、我的阿姨看到的監控檔案則是寫到：「黃鈴蘭在家教小孩彈鋼琴，平時閱讀中國時報，個性沉默。考管等級建議：繼續考管。」

監控資料詳細到連阿姨看的報紙都有紀錄，還包含在家的活動。這究竟是管區員警上門記錄或是身邊有線民呢？目前尚不得而知。阿姨說管區警員上門查戶口時，還會拿各種理由要求她寫各種調查書、留下筆跡，甚至直接索取照片，這些「日常」對於家人來說是另外一種無期限的壓迫。

不只黃溫恭的妻子與親生子女遭到監視，連舅舅的妻子也同樣被緊盯。依據家人看到的監控檔案內容，其中記載著：「黃某之子黃大一在美國留學，其美籍太太黃瑪莉與二個小孩（男女各一）現住臺南市法華街廿一號，該址並未懸掛先總統蔣公遺像或供奉神像為情事。」[3]

舅媽是個連中文都不會說的美國人，當年為了愛情，帶著兩個幼兒來到臺南定居，她根本不認識蔣介石或任何神像，沒想到竟然也成了被監控的對象。舅媽來臺一年後終究不適應，帶著表哥表妹回美國去了。阿公的六位孫輩中，我和弟弟、阿姨的兩個小孩（我的表哥）在臺灣長大。我弟高中畢業後赴美讀書、就業，表哥們也各有工作，只有我走上這條尋找阿公的路。

聽到媽媽轉述監控檔案的當下，我的情緒是噁心、反胃、憤怒。國民黨竟然動用如此龐大的人力物力，長達幾十年都在監控我們這些被迫留下來的人！當晚，我想轉述給伴侶聽卻開不了口，我躺在他身上不知道哭了多久才重拾語言能力，從沒想過監控是這麼噁心的存在。這些事情根本就沒有過去，哪裡過去了？我們又要花多少心力，才能知道這些已發生的未知？

注釋

1 依據促進轉型正義委員會，《任務總結報告第二部》，頁三六四，注腳五二二，檔案來源為〈已決犯黃溫恭親屬考管案〉（民國五十五年十月十九日），《可疑分子親眷調查：黃溫恭案》，警政署，檔案局藏，檔號：AA01010000C/0048/307.9/2304/0001/virtual001/0303至0314。

2 依據促進轉型正義委員會，《任務總結報告第二部》，頁三六四，注腳五二三，檔案來源為〈已決犯黃溫恭家屬其弟黃良吉申請出境赴美自費留學情形〉（民國五十六年七月十二日），《可疑分子親眷調查：黃溫恭案》，警政署，檔案局藏，檔號：AA01010000C/0048/307.9/2304/0001/virtual001/0292。

3 依據促進轉型正義委員會，《任務總結報告第二部》，頁三六四，注腳五二五，檔案來源為〈已決犯黃溫恭家屬居所懸掛先總統蔣公遺像供奉神位及其家屬狀況，有關情形密察結果，請察核〉（民國七十二年十二月十日），《可疑分子親眷調查：黃溫恭案》，警政署，檔案局藏，檔號：AA01010000C/0048/307.9/2304/0001/virtual001/0025至0031。

六——創傷，存在於我之先

那些比我還早發生的事情，會以某些方式形塑我之所以為我。

我並非憑空出世，而是遺傳、成長環境、「後天帶來的遺傳」等等各項因素交互作用下，形成為我。過去、現在、未來並非獨立存在，過去來到現在，現在又導向未來。行文至此，我將從自身生物學專業出發，並從他人的經驗和研究中觀照自身，試著去瞭解這樣的創傷和遽變如何代代相傳，在生理和心理上影響數代人。

從天擇到表觀遺傳學

從十九世紀孟德爾提出遺傳法則，開啟全新的遺傳學開始，有很長一段時間人們都相信基因是天生的，後天獲得的性狀無法遺傳給下一代。要到近幾十年，表觀遺傳學的興起，才解釋了後天獲得的性狀如何在不改變基因編碼的情況下，將後天得到的特質傳遞給下一代。外在的環境刺激可以讓生物體做出「打開」或「關上」某個基因的決定，而這個順應當下環境做出開或關的決定是可遺傳的。個體成長發育的過程中，會有特定時期對外界的環境刺激特別敏感，在此時期做出的開或關決定，一旦超過這段發育時間就不可逆，會保持下去成為終身的特質，並可遺傳給下一代。

從懷孕開始，胎兒就會透過胎盤共享母體的環境，來自於母體的各種連結，例如營養、母親的壓力賀爾蒙皮質醇（cortisol）濃度或是血氧等，都會影響到胎兒。後天的撫育環境也會增強創傷的代間傳遞，胎兒生命早期的母體環境會對胎兒產生長期影響，這些變化會透過各種方式傳遞下去，並且在成年後延續。母體接收到的營養、壓力或創傷皆是環境因子，而家中的男主人被捕槍決，和因此而來的經濟壓力，絕對是創傷中的創傷。

壓力和創傷會引起一連串的心理與生理改變，最常作為指標的就是下視丘—腦下垂體—腎上腺軸（HPA axis），壓力會引起HPA軸一連串的反應，最終增加皮質醇分泌並調節身體功能。皮質醇也被稱作壓力賀爾蒙，在動物實驗中常用來作為動物感受到壓力的指標。從演化的角度來看，當生存受到壓力時，皮質醇濃度會增加，讓身體進入「備戰」模式：提升血糖、抑制免疫反應等。

預知適應性反應假說（Predictive adaptive response, PAR）指的是母體中的胎兒會根據當下的環境訊息來「預測」並調整自身，以適應未來出生後的環境。例如田鼠會根據胎兒時期母親接收到的日照長度，來決定皮毛的厚度，短日照意味著冬天，出生後的皮毛厚度，會比母親孕期時接收到長日照的小鼠來得更厚更密。當預測正確時，表示個體可以藉由預先的改變來適應未來的環境。[1]

但是當預測失準時，也可能為個體帶來疾病。例如，個體在母體中感受到營養缺乏，於是改變自己，去「抓取」更多的營養。胚胎發育時期的可塑性會隨著成長發育而降低，可塑性的窗口會在一定時間後關閉並定型。如果出生後的世界是營養豐足的，然而個體已經定型在「不足模式」，依舊抓取「過剩」的營養，會因此增加成年後罹患肥胖、代謝症候群等相關疾病的機率。

壓力也是，在母體中感知到壓力增加，會讓個體認為即將面對的世界很危險、處處都是危機，於是降低「戰或逃」的反應閥值，好應對出生之後的世界。然而出生後的世界如果沒有預期中的危險，過於活躍的HPA軸會帶來一連串焦慮、緊張、壓力等反應，從而影響個體的長期身心健康，童年時期的過度壓力也會造成類似的效果。

動物實驗中，常以限制活動空間或是巨大聲響來作為壓力源，這兩種方式都能有效引起HPA軸反應，並增加皮質醇濃度。對於懷孕的母鼠施加壓力，生出來的子代會有較小的身長和頭圍，[2]這些小鼠在成年時期會有較高的HPA軸活動和表現出焦慮行為。[3]

對非人靈長類的動物實驗也顯示類似的結果：懷孕的恆河猴一天一次暴露在非預期的噪音下一段時間，牠們的後代相比於對照組，有較差的神經行為表現，像是不活躍、玩樂時間減少、較少和同伴互動等。孕期處在壓力中的猴子，牠們的後代抑制腦中海馬區齒狀回（dentate gyrus）的神經發生活動，而降低海馬迴體積達一〇到一二%。無論在生理或心理上，壓力都能造成對子代的長期影響和改變。[4] 透過環境變化「習得」的表觀遺傳，是可以代間傳遞的。動物實驗顯示，給予孕期的母鼠壓力，造成的變化可傳給孫輩。這些子輩和孫輩的孕期較短、孕期體重增加較少、血糖升高等。[5]

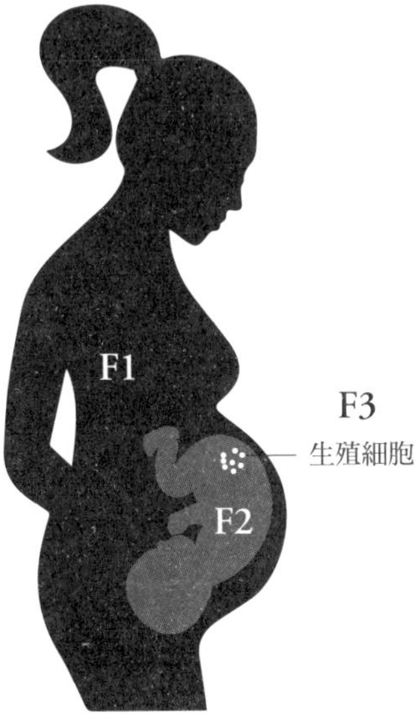

當母親（F1）懷孕時，腹中的胎兒（F2）體內也形成了將來會成為孫輩（F3）的生殖細胞。
圖片重繪自 Sen, Arko, et al. "Multigenerational epigenetic inheritance in humans: DNA methylation changes associated with maternal exposure to lead can be transmitted to the grandchildren." *Scientific reports* 5.1 (2015): 1-10.

母體感知的環境變化，例如營養的改變或是感受到壓力等，可對體內的胎兒造成長期的終身影響，不論是在人類或是動物實驗上都能觀察到這樣的變化。

雖然沒有對人類直接進行的實驗，但可透過觀察與追蹤過去的歷史事件來分析研究。例如二戰時期，因德軍封鎖造成五個月的荷蘭冬季饑荒，對於經歷過饑荒的懷孕婦女，她們在子宮中的胎兒，與懷孕時期未經歷饑荒的手足相比，有較高的死亡率和成年後的心血管疾病、肥胖、糖尿病和乳癌發生率等。[6]這樣的影響也及於第三代，第三代有較高的新生兒肥胖比率和成年後較差的健康狀況。[7]胎兒在母體中的親代環境，對子代造成的長期影響，直到子代成年都還存在。

壓力可以透過親代傳遞給子代，造成各種長期和短期的影響。在一九四〇年代德國入侵荷蘭時懷孕的荷蘭婦女，她們的小孩成年後有較高的機率得到思覺失調症。[8]另一個研究追蹤孕期三十二週時表現出「最焦慮」行為的前一五％女性，她們的小孩在四歲和七歲時有行為問題的機率是對照組的兩倍。[9]而童年時期的逆境經驗也會帶來相似的後果，童年時期遭逢到逆境經驗長大的人，成年後相較於沒有逆境經驗的對照組，增加抽菸、憂鬱症、肥胖、自殺意圖的機率。研究使用的逆境經驗包含肢體或言語暴力、性侵害、家庭失能、家中有人使用毒品、母親受虐、家庭成員罹患心理疾病、父母離異或家庭成員入獄等。[10]

因緣際會我也認識一些政治受難者家庭的第二、三代，很多第二代們的人生不算順遂。固然有人重新站起來，但更多的是失去站起來的能力。有政治受難者父親從綠島回來後對子女過度保護／管束，完全禁止子女交友、每天有被害妄想症，強迫檢查門窗。也有男主人遭槍決後，孤兒寡母，不識字的女主人被夫家人排擠，只分到最差最小的田地，根本無法生活，小孩就此失學、送養或去幫傭，完全失去受教育的機會。家庭、童年的影響可以是一輩子的，甚至在代間傳遞。

集中營

許多關於納粹死亡集中營倖存者的研究，指出創傷的代間傳遞效應。比方二戰後集中營的倖存者，當他們有創傷後壓力症候群（PTSD）[11]時，他們的後代相比於沒有ＰＴＳＤ的同代人，有更高的機會罹患ＰＴＳＤ。[12] 而集中營倖存者的家庭有較強的內部衝突和較弱的凝聚力，這增加了家庭中身體、心理虐待和忽視的機率。[13]

生命中失落的經驗可透過非語言傳達給下一代，即使在家族中迴避這樣的話題，後代同樣能共感創傷的存在。大屠殺倖存者的後代體內也測出較高的皮質醇濃度，雙親都來自大屠殺倖存者的後代，相比於只有一位父親或母親是倖存者，有較高的心理健康問題，即使雙親並沒有顯示出心理健康問題，仍然有一樣的結果。而女性的大屠殺倖存者，相比於男性，對於後代的心理健康影響更大。[14]

在《打破代際重複循環》（*Breaking Intergenerational Cycles of Repetition*）[15] 這本書當中，提到了勒文斯泰因（Lowenstein）這個猶太家族的離散經驗與近年的重新回溯。愛德華．勒文斯泰因（Edward Lowenstein）在一九三九年離開父母，搭上兒童專車前往英國時年僅四歲，而他首次回到故土已經是七十三年後。愛德華的祖父母、伯父一家死於納粹集中營，他的父母親則去了美國，一年半後才和他重新相聚。愛德華的父母即使在美國會和其他德裔猶太人往來，但卻不會和小孩提到在德國發生什麼事。愛德華長大後結婚生子也持續同樣的模式，他的兒子傑夫（Jeff）回憶起有天電視上播放關於大屠殺的迷你影集，不到二十分鐘愛德華就關閉電視，傑夫和他弟弟問起怎麼了，愛德華卻堅持沒事。

這樣的互動對我來說實在是太熟悉了！表面上絕口不談過去，但情緒從未過去。首先跨出第一步的是傑夫，他在二〇〇六年造訪德國，回到他父親的故鄉埃森（Essen）。他隨後和當地的一位老師聯繫上，二〇一一年愛德華首次同意回到故鄉，他們二〇一二年拜訪愛德華小時候的住處和他祖父的住處，也拜訪當年協助保存他們家族聖經的友人家族。後續他們在二〇一三年設立「勒文斯泰因家族寬容與正義獎」（Lowenstein Family Award for Tolerance and Justice），給當地學生提出對於世界有貢獻的想法或做法，愛德華說：「我們希望學生們每年都將正義和寬容融入你們的生活中，並且教給你們的子女、家人和朋友。未來掌握在年輕人手中，掌握在你們手中。」

愛德華從絕口不提，到同意造訪故鄉，再到願意公開發言，他兒子傑夫的促成是重要因素，但他本人必然也經過漫長的整合，才有辦法站上講臺。

經歷過創傷的家庭，沒有人是容易的。

促轉會兩年階段報告

促進轉型正義委員會在二〇一八至二〇一九年間，曾對政治受難者和家屬做過小規模的身心需求訪談，透過量表發現，至今仍有部分人出現PTSD症狀。而我所知及相識的政治受難者長輩和家屬們，有相當多人在晚年時會不斷地重複那些受難的經歷。即使在當事人不被允許敘述，或不願意告知後代的情況下，創傷並未遠離，並不會因為被掩蓋而就此消失。

依據促轉會《兩年階段性任務成果報告》：「二十五位填答者之中，有八位出現符合創傷後壓力症候群和複雜性創傷後壓力症候群的症狀，六位憂鬱症狀程度達中等以上，其中三位的症狀程度符合憂鬱症診斷，且有半數受訪者至今仍持續經歷常見的創傷後症狀。」[16]

促轉會二〇二一年公布的《任務推動及調查結果報告書》當中，也有不少相關的訪談紀錄，例如：

成長過程中爸爸〔受難者〕的症狀愈來愈明顯，每天會花一兩個小時關門窗、檢查瓦斯，察看附近是不是有人監視我們。一開始我媽並不知道爸爸以前發生什麼事，只感覺他被迫害妄想愈來愈嚴重。吃飯的時候，他會跟我們說菜裡有毒，然後把菜倒掉。媽媽一直覺得很困難，想要找人幫忙，可是爸爸反而反應愈來愈大。

從小我跟我弟弟，除了上學之外是不准參加其他活動的。我爸會親自把我們送到校門口，然後再去接我們放學，所以我完全沒有機會與同學相處啊。〔略〕晚上睡覺時，他還會把我們用兩、三條棉被包起來，然後用繩子捆起來才敢睡覺，夏天也這樣。（第六十三號受訪者，三十二歲女性第二代家屬）

親戚不會談這個事情。好像日常的一部分。我們兄弟，我一直以為我懂得、他懂得。〔略〕我剛才說我看到父親躺在那裡的樣子，我沒有流一滴眼淚，幾十年都沒有。直到跟○○○聯繫上了以後〔略〕我才開始哭，而且不擇時不擇地，在捷運上面就哭了。好像這裡有一坨〔手指著胸口〕。（第六十八號受訪者，八十五歲男性第二代家屬）

我三哥受的創傷非常大。〔略〕他最後幾年，差不多五年還是六年，在門諾的養老院，在裡面不能動，還要別人餵。〔略〕之前每次他打電話給我，最後都是哭、哽咽，都會提到父親的事情，沒有例外。每次，每次都要哭。（第二十七號受訪者，七十九歲男性第二代家屬）

就「有父母的孤兒」啊。〔略〕你真的是個孤兒，人家會去同情你，會給你一些資源對不對？但是，你是有父母的，誰管你啊，你有父母啊，而且你父母好像也不錯啊，在做生意啊。但是那個心靈是隔閡的啦。〔略〕我只是覺得說，這種苦，是來自於國家的暴力，不公不義，〔略〕若是在正常的成長之下，他也不至於跟我說隔閡這麼深啊，是不是？（第七十四號受訪者，六十歲男性第二代家屬）[17]

此訪查計畫規模雖小，但已可見到PTSD和憂鬱症狀比例相當高，畢竟發生過的創傷，無法輕易過去。

我想著那於我之先的存在，如何影響著我自己的存在。

一九五二年九月，懷胎六個月的阿嬤面臨丈夫被抓走的惡耗。她肚子裡的胎兒，也就是我的母親，和她共享著相同的情緒壓力、悲傷、難過、害怕或憤怒。當時，將來會成為我的那顆卵子已然成形，存在於胎兒的卵巢中和其他卵子共享相同的環境。再過三十年，儲藏在媽媽體內的那顆卵子，才會經過重重篩選後受精、成熟進而分化成為我這個存在。

我，在我存在之先，便已經以另一種形式，經歷／共享這些生命的銘刻。過去並沒有過去，過去影響現在，也影響未來。

媽媽童年時，父親缺席，阿嬤盡一切努力維持生計、維繫家庭的養育模式，同樣影響著媽媽成年後如何成為母親、如何照顧她的小孩。阿嬤晚年失智時的驚恐，每天百遍千遍地尋找身分證的模樣，我們更是感同身受。身體、心靈並非截然二分，遭遇過的創傷和壓力會以各種形式反映在身體上。自從我開始動筆寫下此書以來，三十年不曾復發過的氣喘半夜發作，接著又是蕁痲疹，從急性到慢性，持續服藥控制中。種種跡象都顯示我的身體正在發出警訊，壓力乘載已超出負荷。面對這些，我尋求專業協助，定期回診追蹤，更加注意睡眠和運動。即使如此，我的信念讓我堅持下去，總是有辦法和疾病共存，儘管必須付出代價，依舊在所不惜。

研究的局限

二戰後至今，對於極端狀況帶來的長期影響，目前被瞭解、研究最多的屬納粹時期的集中營猶太人倖存者和他們的後代。我一邊讀一邊想著臺灣的情境，但時空條件不同，而這些研究前提也許是當下臺灣不可能達成的。首先，集中營對猶太人造成的傷害目前是一個被普世承認的事實，並且「加害者是納粹／當時德國政府」也得到社會上廣泛的認同。不會有人說對於納粹要功過並陳、納粹功大於過這種言論。這樣的前提下，集中營的傷痛是被普世認可的，以色列／猶太社群也能得到來自於德國政府的經費做後續的追蹤研究。

而臺灣的狀況是，目前社會對於戒嚴時期高壓統治帶來的傷害，並沒有一致的認知，這個社會上仍舊有一群聲量不小的人在否認過去，認為不該究責、認為當年的鎮壓是有必要的，或者應該蒙起眼來不看過去而要專心看向未來等等。當傷痛本身都不被承認的時候，又如何能去面對這些不被肯認的傷痛，並做更進一步的調查？

我非心理或創傷醫學專家，我是生物學家，博士論文主題探討的是透過小鼠的滋胚層幹細胞研究，瞭解胚胎發育早期的親代營養環境改變，如何對子代造成長期影響。在實驗室裡，你可以、也必須設計控制變因，把要探討的問題單純化，然而人類社會遠比這些複雜。

就拿目前診斷傷痛的ＰＴＳＤ量表來說好了，ＰＴＳＤ或其他的分類方式僅能大致歸類，而無法反映每個人的不同狀況。受苦的人未必會診斷出ＰＴＳＤ，但沒有診斷就代表痛苦不存在嗎？不是這樣的。人生有太多經驗、感受無法這樣歸類結案，這些都是量化研究的限制。更何況每個人有自己的人生軌跡和路徑，無法複製，也無法重現。

在目前的已知研究當中，我們知道創傷可以代間傳遞，而童年時期的逆境經驗更是會影響長大成人後的身心健康和他們的下一代，事情並沒有隨著時間過去。不是所有的事情都能挽回或重來，但我想，重建的第一步是認可傷痛的存在，唯有承認過去的傷痛，才可能對未來的有共同想像。

注釋

1 Lee, THERESA M., and I. R. V. I. N. G. Zucker. "Vole infant development is influenced perinatally by maternal photoperiodic history." *American Journal of Physiology-Regulatory, Integrative and Comparative Physiology* 255.5 (1988): R831-R838.

2 Weinstock, Marta. "Does prenatal stress impair coping and regulation of hypothalamic-pituitary-adrenal axis?." *Neuroscience & Biobehavioral Reviews* 21.1 (1997): 1-10.

3 Weinstock, M. "Alterations induced by gestational stress in brain morphology and behaviour of the offspring." *Progress in neurobiology* 65.5 (2001): 427-451.

4 Talge, Nicole M., et al. "Antenatal maternal stress and long-term effects on child neurodevelopment: how and why?." *Journal of Child Psychology and Psychiatry* 48.3-4 (2007): 245-261.

5 Yao, Youli, et al. "Ancestral exposure to stress epigenetically programs preterm birth risk and adverse maternal and newborn outcomes." *BMC Medicine* 12.1 (2014): 1-12.

6 Painter, Rebecca C., et al. "Transgenerational effects of prenatal exposure to the Dutch famine on neonatal adiposity and health in later life." *BJOG: An International Journal of Obstetrics & Gynaecology* 115.10 (2008): 1243-1249.

7 Painter, Rebecca C., et al. "Transgenerational effects of prenatal exposure to the Dutch famine on neonatal adiposity and health in later life." *BJOG: An International Journal of Obstetrics & Gynaecology* 115.10 (2008): 1243-1249.

8 Van Os, Jim, and Jean-Paul Selten. "Prenatal exposure to maternal stress and subsequent schizophrenia: the May 1940 invasion of the Netherlands." *The british journal of psychiatry* 172.4 (1998): 324-326.

9 O'Connor, Thomas G., et al. "Maternal antenatal anxiety and behavioural/emotional problems in children: a test of a programming hypothesis." *Journal of child Psychology and Psychiatry* 44.7 (2003): 1025-1036.

10 Felitti, Vincent J., et al. "Relationship of childhood abuse and household dysfunction to many of the leading causes of death in adults: The Adverse Childhood Experiences (ACE) Study." *American Journal of Preventive Medicine* 14.4 (1998): 245-258.

11 二戰後精神醫學家用倖存者症候群或集中營症候群來描述一連串集中營倖存者的特徵，包含持續的慢性憂鬱與焦慮、自責、情緒障礙、認知障礙和人格問題等等。隨後倖存者症候群被定義為創傷後壓力症候群（PTSD）。

12 Barel, Efrat, et al. "Surviving the Holocaust: a meta-analysis of the long-term sequelae of a genocide." *Bsychological bulletin* 136.5 (2010): 677.

13 Barel, Efrat, et al. "Surviving the Holocaust: a meta-analysis of the long-term sequelae of a genocide." *Bsychological bulletin* 136.5 (2010): 677.

14 Dashorst, Patricia, et al. "Intergenerational consequences of the Holocaust on offspring mental health: a systematic review of associated factors and mechanisms." *European Journal of Psychotraumatology* 10.1 (2019): 1654065.

15 Gobodo-Madikizela, Pumla. "Breaking intergenerational cycles of repetition: A global dialogue on historical trauma and memory." *Verlag Barbara Budrich,* 2016.

16 促進轉型正義委員會，《兩年階段性任務成果報告》，二〇二〇年五月，頁二二〇至二二一。

17 促進轉型正義委員會，《任務推動及調查結果報告書》（第三部），二〇二二年五月，頁二四三至二四五。

七——行動者之路

對我來說，行動比梳理情緒容易，想做什麼，決定了就去做。但是面對自己的情緒，又是另一回事。

我還記得十多年前剛申請到遺書，帶著一群做相關訪談的朋友們南下高雄住在我家時，爸爸不是很能理解我們在做什麼。事實上，當時我自己也不清楚。但多年來爸爸總是支持我，讓我做想做的事。訪談是困難的，一來，我不一定知道該怎麼問、問什麼。二來，我需要去當那個安慰別人不要哭的角色，偏偏這點，我做得很差。

對於別人的情感，我最常有的反應就是手足無措。我不知道該怎麼辦、能怎麼辦。

我不是一個很能感應別人情緒的人，這麼多年下來，我採取的策略就是「陳述事實」。假裝在講別人的事，讓這些事情「看起來」與我無關（當然不可能無關，怎麼可能）。不過作為一種生存策略，這讓我能繼續往前走。我是個行動者，但我不是個好的情緒接收者或傳達者。所有的感覺、情緒，我以自己的方式化為一次次的行動。

墓區拍婚紗

幾位長年研究、大量接觸受難者和家屬的朋友，都在不同的時間點和我提過，我在政治受難者家屬裡是相當特殊的存在。我展開行動、挖掘真相、書寫部落格，在心裡還沒反應過來有什麼情緒之前，身體和腦袋已經先動起來。並且，我自己動手，不要求他人代我尋訪。我向傳凱請教如何訪談、如何找資料、如何擬定問題，我自己來！傳凱說有些家屬會希望他去代為調查和訪問，但傳凱的研究主軸在一九五〇年代的地下黨，而我想知道的則是阿公所有的生命歷程，不只是他加入地下黨的部分。我們想瞭解的有共同之處，但也有無交集之處。

自從知道阿公曾葬在六張犁公墓之後，我多次造訪六張犁與馬場町。有時什麼都不做，就是到那裡待著，或特意買包菸去。我平時不抽菸，但我知道阿公的嗜好是抽菸，即使我從來就抽不完一整包，我還是會想在那樣的環境下替自己、替他點根菸。去想像他在生命的終點，在想些什麼？覺知到了什麼？去想像如果他仍在，會不會喜歡我的陪伴？或者，是我在想像有他的陪伴？

也有幾次刻意為之的行動，像是拍婚紗。第一次有在六張犁拍婚紗的念頭是二〇一〇年，交往對象也贊同我的想法，但這次的論及婚嫁並未開花結果。從決定要結婚那一刻開始，我們爭吵加劇，那些以前還可以睜隻眼閉隻眼的衝突全浮上水面，我開始自我懷疑，難道要這樣忍耐下半輩子？最終我選擇出國讀博士，而不是和他走入婚姻。

出國第三年，我和現在的伴侶於網上相識，見面後相戀。五個月後，我向他求婚，順利抱得美人歸，隔年夏天我們回臺拍婚紗。關於阿公的事情，我一直有寫部落格記錄，交往初期伴侶就默默地看過我的英文版部落格。儘管在婚前穿婚紗拍照並非他的文化習俗，他們重視的是「first look」，新娘的婚紗對於未婚夫來說是最高機密，新郎在婚禮上才會第一次見到穿婚紗的新娘。不過對於我想做的事情，伴侶總是全力支持與配合。

六張犁除了埋葬當年極樂殯儀館送來槍決後無人認領屍體外，也有一般公墓和自成一區的回教墓地。隨著墓碑被發現的時間不同，劃分為戒嚴時期政治受難者第一、第二、第三墓區。當時大略按照槍決時間依次下葬，時間序上，第三墓區最早、再來是第二墓區、接著是第一墓區。在第一墓區可以找到槍決日期在阿公前後的其餘亡者墓碑，由此推測當年阿公應是埋骨於第一墓區，數年後才由家人撿骨領回，並依習俗打斷墓碑。

二〇一四年，拍攝婚紗當天是中元節隔日，八月酷暑，六張犁四處可見前一天祭拜的痕跡，地上散落著已成灰燼或部分未燒化的紙錢、燃過的鞭炮紙屑、新除雜草露出黃土的墳頭、點香的餘燼和燒完的香。伴侶頂著三十八度高溫，穿著全套燕尾服陪我拍攝整天。我自己則是熱到妝都花了，還被蚊子大軍攻擊，六張犁的蚊子極度凶狠，雖然事前已噴滿防蚊液，但效果有限。

傳凱當天幫忙準備祭品，和另外兩位朋友玥杉和虹靈一起在墓區入口處做簡單的祭拜，告知來意後才開始進行拍攝。祭拜時我想像著阿公和他的同伴們，默唸：「我要結婚了，雖然祢們早已離開，但我還是希望能和祢們一起分享我的人生大事，我沒有忘記也不會忘記祢們。」

拍攝過程中，除了百合與向日葵組成的捧花之外，我還另外準備五十枝白玫瑰，在阿公曾經埋骨的第一墓區挨次放下祭弔。時隔一甲子，我們不願遺忘、我們重新記憶當年。

結束六張犁的拍攝後，我們又到當年的刑場——現在的馬場町紀念公園拍攝。除了一座土丘、一個紀念碑說明由來以外，公園已經沒有太多過往的痕跡，而是成為周邊居民騎腳踏車、散步、放風箏的河濱公園。我們在「馬場町紀念公園」這幾個題字正下方，拍下相當具有宣示性的一張照片。我知道這裡是曾經的刑場，我人生的重要日子，我選擇到此處拍照，以誌不忘。

婚後兩年在臺北補辦的婚禮，我選擇在景美人權園區（今國家人權博物館），簡單準備一個下午茶會，和刻有阿公名字的紀念碑合照，也邀請一些和我相熟的政治受難者長輩一起參與。到場祝福我們的有陳新吉前輩，還有大力協助我租借場地的蔡寬裕前輩。

蔡焜霖前輩為我們致詞，祝我們喜上加喜。蔡伯伯在我出國念書前邀了一桌替我送行，他總是稱呼我為「戰友」，這稱號我受不起，但真的很謝謝他願意如此相待。與蔡伯伯相識十多年，他總是風度翩翩又細膩體貼，是非常溫柔的老派紳士。和蔡伯伯相交的這些日子，我總是以他為典範，想像阿公活下來的樣子。二〇二三年九月，蔡伯伯也化作千風離開我們了。和這些長輩相識的這些年來，總是一場又一場的離別。每次接到長輩過世的消息，我總是會想，我們是不是開始得太晚了？

當年在六張犁和馬場町拍攝的婚紗也做成相本一併展示在茶會現場。這些屬於我個人的場合，我自行決定想怎麼做。去六張犁和馬場町拍照是先斬後奏，事先沒有和媽媽商量，事後媽媽也沒有說什麼。高雄歸寧宴客請的是爸爸媽媽的親友，那才是他們嫁女兒的主場，完全照他們的規畫，我只負責出席，換來臺北場可以照我的意思，簡單邀請朋友們來見面聊天。

透過這些行動我想說的是：我不曾遺忘，也拒絕被遺忘。結婚成家的人生新階段，我選擇和當年阿公的同伴們，一同分享我的人生決定。即使陰陽兩隔，我相信阿公和他的朋友們會知道我的心意。

現身與否都是艱難

成為「不同意見者」並不容易，那感覺像是傷口未癒，卻被迫要上戰場去面對那些「傷口真的存在嗎？」的質疑。

在我還沒開始調查阿公的生平之前，就會去二二八相關紀念活動。記得有次是二〇〇五年二二八前夕，紀錄片《我們為什麼不歌唱》放映，映後與談人是當年尚未從政、研究轉型正義和漢娜・鄂蘭（Hannah Arendt）的江宜樺教授。當時他主張

「和解」和「放下」，而不是追究真相。我立即舉手發言以自身例子反駁說，除了寄到家裡的「補償通知書」以外，我一無所知，何來和解？與誰和解？如何放下？當下他並未回答我的問題。幾年後他從政，在媒體上看見他的爭議發言，以及他的學生公開焚燒他的著作抗議，我也絲毫不覺奇怪了。

另一次是二〇一二年，距我找到阿公的遺書已經過了四年。同樣是二二八紀念放映座談會，放映的是《牽阮的手》。

映後座談有位先生舉手發言：「以前二二八座談會，我有講過事情發展當時的背景，臺灣當初沒人受傷，是解放出來，國軍剛剛來，不穩定。……難道說國民黨以前做錯的事情要一分一毛地賠嗎？不是這樣，過去就過去了，以後我們希望臺灣這塊土地上能夠民主，對吧？自由，對吧？……我希望我們不追究國民黨以前怎麼樣，那都過去了，我們要往前看……」

我憤怒的情緒湧上心頭，也舉手發言：「我一個好朋友她爺爺在白色恐怖一九五〇年代被槍決，昨天她才告訴我，她要在後天，也就是二二八當天，在臺北市二二八公園跟政府領回他爺爺當初寫的兩大頁遺書。距離他爺爺寫下這些遺書，總共七十年……我發現遺書，離我阿公槍決五十八年又兩個月，但那時候國家檔案局還不還給我們遺書。它只給我影印本，它說我們把檔案保存得很好，這是國家檔案，所以沒有法源歸還。後來我們跟民間真相與和解促進會合作開了幾次記者會，他們也去立法院爭取，直到二〇一一年，去年七月十五日解嚴紀念日，才把遺書的正本還給我們家。之後馬英九下令清查，還有多少像我們家這樣的例子？還有多少遺書存在國家檔案？也才有後天去還我朋友遺書的事情。事情不是過去了就過去了！事情你還是要去努力才會有結果，就像我從發現遺書到拿回來，中間又隔了大概兩年多的時間。另外一件事就是，我覺得今天在這裡沒有人有立場去要求原諒或遺忘。我們都還沒記住，有什麼好遺忘的？如果以我身為家屬的立場，我願意原諒，那也是我主動的事情，但是沒有人有這個權力來要求我去原諒！」

說完這些話，全場安靜了三秒鐘，之後給我掌聲。我整個人胸口緊繃、心跳加快，快要喘不過氣。

公開發言中，難度最高的要屬以上情形，在無法事先準備的情況下對他人的發言提出不同意見。

社會對過往的傷痛並沒有共識，光是面對「創傷的存在」本身，就足以引來否認和攻擊。如果要說傷痛，最痛苦的應該是這個部分。從打算回應開始，我心跳加速、血壓上升，講完更是瞬間無力、原地石化，好一陣子才能恢復。

但我會因此沉默嗎？不會！我始終相信言語、文字是有力量的，多一個人聽見、看見，就多一點鬆動過去的可能性。即使對我來說，為了「肯認傷痛」而戰，本身就是一種對情緒的拉扯。

排定好的公開演講或分享，可以事先準備，在這種情況下，我會以投影片講述事件經過，不論是遺書的發現或是我所知的阿公生平，我都能分享經歷和過程。但無論是公開或私下，我無法仔細描述自己的感受，書寫已經是一個最能逼近我面對這些情緒的狀態了，儘管文字依舊有其局限。

從發現遺書開始，我陸陸續續接受過一些採訪，包括二〇〇八年底《自由時報》首次報導遺書的發現，以及二〇一一年七月十五日解嚴紀念日當天遺書歸還給家屬，都有多家媒體報導。另外我也參與相關紀錄片，包含洪隆邦導演《綠島的一天》、陳慧齡導演《給阿嬤的一封信》，以及再拒劇團《逝言書》的聲音演出等，透過這些作品和自己的部落格，我開始有自己的聲音去說自己的故事。這些參與所營造出的環境也是相對平穩的，不需要去面對「創傷是否存在」的質疑，敘述的難度會降低一些。

不是所有的努力都有成果

這一路走來尋找阿公身影，並不是所有的嘗試都有結果，但如果不走出這一步，我又怎麼會知道有或沒有結果呢？

我並不是想著會得到些什麼才去行動，而是先做了再說。即便沒有成果，我也沒有損失。世上本沒有路，走的人多了，也變成了路。我的信念是：不容青史盡成灰！青春當然是喚不回，人死也不能復生。至少我盡力而為，讓更多人能聽到阿公的故事，讓這件事情有意義。

那些我嘗試卻沒有成果的事情包括：拜託會日文的朋友Joyce幫我尋找，當初從滿洲遣返日本的「引揚者」回憶錄當中，有沒有提到阿公參與的那場一九四五年從鶴岡炭礦病院疏開到新京的長途移動？在那場造成社員家屬半數死亡的事件，一千多位的倖存者中，有沒有可能有人回到日本後，留下移動紀錄或是關於阿公的蛛絲馬跡？朋友找到了當初鶴岡炭礦會社的一些資料，但沒有包含臺灣人，也沒有關於這場移動的其他人的記憶。我知道這很不容易，畢竟我們找的是七十五年前的回憶。

我們也曾去拜訪研究最多滿洲國臺灣人的中研院臺史所所長許雪姬老師，當初翁通逢先生的訪問稿就是許雪姬老師完成的。但除了長春臺灣省同鄉會的名冊上有記載阿公的簡單資料以外，也沒有更多的線索了。

另一個沒有結果的事情是，阿公的卷宗裡提到，當初他的醫師通行證後來交由屏東縣警察局留存，二〇〇九年我寫信到屏東縣警察局局長信箱詢問，四天後得到回信說並無此紀錄。我要找的是五十一年前的物品，找到的話是奇蹟，沒找到也在意料之中。對方給我的回覆是：

您好：

有關臺端九十八年六月十八日於本局局長信箱反映事項：「請本局歸還黃溫恭君戒嚴期間醫師通行證乙案」，本局經查檔案室民國四十七年相關檔案資料，無臺灣省保安司令部行文文件與本局簽收紀錄。黃溫恭君戒嚴期間醫師通行證，本局恕難提供。敬祝　闔家平安。

本案聯絡人：屏東縣政府祕書室警務員　×××

另一件則是跟李安導演有關。由於曾經讀過他的專訪，提到他想拍臺灣人的故事，二〇一三年初，我參加一場他出席的電影座談。我事前寫了一封信詳述阿公生平、之前的新聞採訪和我的聯絡方式，當天在現場我努力擠過人群，塞到他手上。

至今沒有任何消息，我並不意外。但我試過了，我喜歡這個願意抓住各種可能去嘗試的我自己。

這些事情有沒有結果？沒有。但至少我嘗試過，試了沒有結果那就去做下一件事！總有一些努力會有結果。我不認為沒有結果就是失敗，或者說，失敗又如何？我本來就是從零、從未知開始，這條路也沒有人走過，能走多遠、會通往哪裡，完全是一片迷霧。

從一開始我就不知道尋找阿公這件事會帶我到哪裡，最糟的狀況就是回歸一無所知的原點。就算我的這些努力一無所獲，也不會讓情況更差，不是嗎？盡力而為，我問心無愧。我無法改變過去，但我相信努力可以影響未來。

而這一路走來，我得到了很多。很多時候讓我相信有天意，我發願、我行動、我接受找到的和沒有成果的，繼續走下去。我有時暫停，但從未放棄。理解，要在知道這些事情發生過的前提來談，才有意義，無知的狀態下是無法去談理解的。我這麼努力要「說出來」的原因也是如此，不曾聽聞的事情是無法理解或同理的。

空白下的傷痛

對於阿公，我的感覺是複雜的，甚至矛盾的。這不是一個清楚的圖像，而是各種各樣的片段交互作用，我、媽媽、阿嬤、阿姨、舅舅們都在其中，各有各的位置和想法。

有時，我讀到些什麼，覺得自己似乎又靠近阿公一些。例如高中打架被退學這件事，雖然我不曾被退學，也不太打架，但高中時我一度離家出走，也算好時間翹課，在被退學的邊緣回到學校。有時，我又完全無法想像，阿公為什麼有辦法如此冷靜地寫下遺書，一個一個分析自己小孩的身體、頭腦、性質，再給出職業建議。或者，他最後的願望是提供大體作醫學生的學習材料，這又是怎樣的心情？

最近讀葉揚《我所受的傷》：「至親離開，自己的一部分也跟著他走了。」他說的是失去。而我，卻是「學習失去」。那件事，是暗底的伏流，從不出水面甚至看不見，卻影響家中所有成員，一代過一代，至今如是。

甚至，影響太大、太深，以至於我們難以指認。

這空缺不被允許言說數十年，時至今日，我依舊見不著全貌。失去難，學習失去亦難。

到了可以被談論的今日，我們卻早已失去談論的能力。

人走了，就是走了，無論他怎麼走的。

死亡甚至不是結束，對於活下來的人來說，困難才剛開始。這困境，是傾國之力形成的，用盡所有國家手段去壓迫那些活下來的人。從媽媽每次提到的，大學應屆畢業就申請到美國全額獎學金，然而沒有任何理由她就是無法出國，硬生生斷了她的留學夢。即使事隔多年，依舊能感受到媽媽的憤怒和不甘。阿嬤更是在她生命晚年，不斷陷入會有警察上門盤查，要找身分證的焦慮。她到阿茲海默症末期時，已經不認得我們這些家人晚輩，卻依舊每天上百次重複地問她的身分證在哪裡，害怕沒有身分證會被抓走。而那些我相熟的政治受難者前輩們，也都提到出獄後找工作困難，管區三天兩頭來騷擾他們的雇主，而不得不逼使他們不斷變換工作。另一位同為第三代的朋友，則是爺爺槍決後族人欺負他們寡母幼子，強占本該屬於他們的田產，導致父親和手足都年少失學，全家人經濟陷入困境。

這些困境，不是不看就會消失的，更不是過去了，它就是在那裡，影響一切。

何況至今關於威權體制的壓迫、關於轉型正義，社會並未有共識。如何一邊高舉著蔣介石是壓迫者、獨裁者、兇手，一邊卻讓他繼續存在於那滿街以中正為名的各種道路、紀念館或是錢幣上？原諒與和解不是這樣談的。媽媽說，每次聽到臺北捷運廣播中正紀念堂站她就不舒服，她時時刻刻都被提醒著殺父兇手仍在神壇上，當初蓋來崇拜兇手的祭壇依舊在那裡紋風不動。這不是只有我媽一個人的感受，其他政治受難者遺族都共同承擔這份痛苦。忽視過去並無法療癒傷痛，唯有曾經的苦難被理解、被接納，才能從過去走向未來。

我無法選擇父母，就像媽媽無法選擇她父親是誰，繼承這些並非我所願或我能選擇的。我只能選擇如何回應這份傷痛、如何與傷痛共存並生活下去。說出來，是我至今仍在掙扎，但從未放棄的一條路。

八——媽媽和我

受傷的人，某種程度上來說，會成為另一個傷害人的人。

某方面來說，我害怕過去的媽媽。除了害怕，也還有深埋於意識之下的憤怒存在。這些情緒藏得太深，深到我難以追查原因，光是辨認出有情緒在那裡，就已經花費我許多時間和心力。

長久以來，我和媽媽的關係難以精確描述。媽媽可以輕易理解我的話語，但她無法同理我的感受。反之亦然，我也無法同理她的。在這件事情上，我們其實差不多，缺少接住對方情緒的能力。

舉例來說，當我在高雄家中，沒有前言後語地冒出一句：「圖書館旁邊的豆花很好吃。」爸爸跟弟弟一臉問號，只有媽媽能正確解讀，我在說的是臺北爺爺奶奶家建成圖書館旁7-11巷子裡的豆花。相反的，我們也總是有辦法一句話就把彼此炸飛，兩人的相處總是會在某個時間點爆炸。自我成年離家以後，最多只能回家住兩週。兩週，是我能回家住最久的極限值。媽媽總說我不會察言觀色，但她自己也不會啊！

媽媽曾經在表哥的臉書留言抱怨：

黃春蘭：我年輕時也常頭痛，頭痛時不舒服，多半吃顆普拿疼就可緩解，但也曾經痛到去掛急診。小孩放學回家，看到媽媽坐在沙發上一動也不動，一個會直嚷嚷：「我肚子餓了，媽媽為什麼不去煮飯？」另一個會說：「媽媽妳是不是又在頭痛，不舒服了。」兩個小孩怎麼差這麼多呀！

我：奇怪耶！妳又沒講妳頭痛，我哪會知道啊！

黃春蘭：妳為何對號入座？

我冤枉啊！媽媽又沒有在臉上寫她在頭痛，也沒有告訴我她頭痛，我怎麼會知道她頭痛？至於弟弟為什麼會知道媽媽頭痛，我怎麼會知道？問他啊！然後還說我對號入座？妳也就只生我們兩個，會發現妳頭痛的顯然不是我，這還要問嗎？總之，我們家最貼心、最會察言觀色的顯然不是我這個女兒。不要再相信生女兒比較貼心這種謠言了，在我們家沒這回事！

二〇〇八年底，發現遺書後不久，我主張要取回遺書正本。

那時媽媽帶著懷疑的態度，認為都已經過了這麼久，政府會還給我們嗎？我說：「他們還不還是一回事，我們還是應該去要，阿公臨死前寫給你們的信，怎樣也沒道理變成國家檔案啊！」

經過兩年多的交涉，馬英九政府終於同意在二〇一一年七月十五日解嚴紀念日公開歸還遺書正本。這過程中媽媽態度逐漸轉變，從一開始認為政府不會歸還，到贊成應該去爭取。

那時我和傅凱等人幾次南下訪談，起初她態度消極，認為時間都已經過去這麼久，我們又能找到什麼？但我認為就是因為過去這麼久，才要更抓緊時間在所有回憶消失前去做訪談，把回憶留下！而我們也的確找到一些對阿公還有著清晰記憶的人，透過點點滴滴的拼湊，至少我們還原了一小部分的阿公形貌。

隨著訪談有初步成果，媽媽也開始出席一些政治受難者相關活動，像是臺灣戒嚴時期政治受難者關懷協會，以及五十年代白色恐怖案件平反促進會等的聚會。在會中，她會介紹自己是黃溫恭醫師來不及見面的小女兒，她也在帶去的名片上貼上一小張貼紙，上面寫著「黃溫恭醫師的小女兒」。這是我成長過程中不曾聽她提起過的父親，在某種程度上，媽媽也開始「走出來了」。

媽媽得知父親的死因是在一九七一年剛考上大學的暑假。她的祖父告訴她，父親其實不是病死，而是「犯案」被捕的。但究竟犯了何案？祖父未曾言明，媽媽只從祖父的態度中，感受到這不是一件能問清楚的事，甚至，也不宜談論、不宜讓人知曉。

數年過後，媽媽大學畢業。在那個「來來來，來臺大；去去去，去美國」的年代，媽媽順利應屆申請上美國西密西根大學碩士班，並拿到全額獎學金。在同屆申請的十幾位同學和系上助教之間，她是唯一拿到全額獎學金的。照理，她的人生該有嶄新的一頁。然而卻未如願成行，護照辦不下來。此事也同樣影響到當時已經在美讀書的舅舅黃大一，舅舅自述他因為要等小妹來美國，拒絕和指導老師一同轉到新學校，卻又遲遲等不到小妹，最終舅舅沒能完成博士班學業。

媽媽的憤怒和不甘，多年以後我依舊感同身受。她說她從未做錯什麼，憑什麼不能出國？

她也從未明白為什麼舅舅比她早幾年可以出國，輪到她卻不行？國家機器從未給出任何解釋。憤怒無處可去，她也只能放棄留學夢，找了份學校工作餬口。

現在的媽媽，非常願意走遍臺灣各處去分享這段塵封七十年的故事，她不再認為這是不宜提起的禁忌。她站出來，在二〇一八年擔任政治受難者關懷協會的副理事長。她去各機關單位演講，參與各種形式的活動，例如以二二八為主題的《新娘妝》素人舞者演出、《明白歌》走唱分享、促轉會的閱讀監控檔案心得、綠島青年人權體驗營講師等。

她的態度從消極到積極，想證明自己是優秀父親的女兒。對媽媽來說，學歷等於一切。她用自己的學歷、以及我們的、還有阿公的，來反覆訴說同一件事：她父親（以及我們）是好人，因為我們很優秀。

從小，我就知道媽媽注重成績勝於一切，她在意學歷和成績遠超過生活中的其餘面向。現在，她更順理成章把這些和阿公連結起來。阿公當年就讀南二中（今臺南一中），又留學日本讀牙醫，就因為他是這麼優秀的人，所以當年才會被國民黨政府迫害……。這樣的說法讓我有種說不上來的斷裂感。

阿公並不需要用他的學歷證明他是一個好人。他作為一個人本身，當然可以有他的信念和堅持。也許和同時代的人相比，他留學日本和被徵兵到東北的經驗，讓他更有機會看清局勢。例如他的東北經驗，讓他對蘇共全無好感，他的高雄二二八經驗，讓他走向國民黨的對立面。我想說的是，尊重他當時的人生選擇，他不需要優秀的學歷來證明他的選擇。而我們也是，讀書是自身的選擇和興趣，不是為了要爭一口氣或證明我們有多厲害。

最初，媽媽是沉默的。她不反對我去尋找阿公的線索，但她也不曾鼓勵我。我說申請檔案需要戶口名簿，她就把戶口名簿傳真給我。我拿到檔案後打電話跟她說，她也只是說知道了。

她不太和我討論這件事，但她會和別人說。她後來慢慢地開始接受訪談，願意講述這件事，但還是不會和我說。

我從其他人口中聽到我從沒親耳聽過的媽媽形容我的版本。她說我聰明，也很有心在做這些事。但一切都只是轉述，媽媽從來不直接對我說。她面對我的沉默，如同我面對她。

我們彼此有些東西卡住了。

有次和傅凱一起吃飯，傅凱刻意一直追問我媽我這個女兒棒不棒？旖容棒不棒？我媽從頭到尾就是說不出肯定句，她一直用雙重否定句逃避傅凱的問句。像是「我沒有說她不棒啊！」傅凱努力了十多分鐘，最終仍舊沒有成功讓媽媽說出肯定句。

媽媽自始至終，都做不到當面肯定自己的女兒。她承認，她也沒有從她母親身上得到肯定過。經歷過如此創傷的阿嬤，個性上相當悲觀和謹慎，很容易把事情往最壞的方向去想，對於兒女的成就也無法稱讚。即使我已成人、成家、生子多年，我依舊無法從媽媽口中聽到一句對我的肯定。

她出門演講時，總會形容阿嬤是全天下最偉大的媽媽，一個人獨力養大三個小孩。但從她的敘述和我所見她與阿嬤生前的日常相處中，我總覺得她們並不親密。你是不會形容最親密的人偉大的，偉大是帶有距離的修辭，是用來說服自己用的。阿嬤有著那輩人常見的重男輕女觀念，對唯一兒子的關愛也多過於媽媽這個書念得很好、不需要操心的小女兒。晚年失智的阿嬤多半與我們家同住，在外傭的協助下，一天被問幾百次「今天星期幾」或「身分證在哪裡」的多半是外傭，而不是媽媽或其他家人，我仍會看見媽媽對阿嬤的不耐煩或吼叫。阿嬤晚年是媽媽出錢出力最多，我相信媽媽是愛著阿嬤的，但她的愛裡依舊有著情緒和怨懟。

事實上，我在某種程度上也繼承了這些。旁人問起我媽，我會說她很厲害，並簡述她的豐功偉業。但我覺得她很厲害，和我覺得她跟我很親近是兩回事。我可以說出她厲害的那些「事實」，無關乎個人情感。

在尋找阿公這件事上，阿公是某個只有我和媽媽獨享的連結。只是，我們又無法彼此談論太多。我從來就不知道該如何和向她傳達感受或承接她的感受。某種程度上，我們是彼此斷開的。

但我們也這樣走到了今天，生活依舊會前進。

現在的我可以和媽媽共享某些安全的話題，比如她的金孫、我的小孩，這是我們之間的安全區。她會稱讚寶寶很可愛，會準備他愛吃的食物、教他玩數讀、帶著他去打木球，她對阿嬤這個角色非常高興，甚至會在演講中放入寶寶小時候的照片、分享寶寶的可愛。

但有些地雷區，例如我對她的憤怒，是我至今無法化解的，她太容易觸發我的戰鬥反應和自我武裝。

以前我焦慮著為什麼做不到靠近她，諮商師陪著我梳理自己後，我知道自己就是做不到。童年時她在我身上造成的傷痕並不被她承認，對我而言也沒有消失。和記憶共存並接納自己做不到某些事，這才是放過我自己。我無法逼迫自己做不願意做的事，我接納自己擁有那些對於過去的情緒。

沒有留下紀錄的言語或已痊癒的傷口，已無對證，但即使是她造成我身上的傷疤，有明確身體證據留下的疤痕，她也否認。我確信我的記憶，時間地點我都記得，我曾經當面與她對質，但她直接否認有這回事。現在回頭看，我理解媽媽當年的不容易，但理解不等同能扭轉我的情緒感受。

感受上，我沒有辦法太靠近媽媽，太靠近是會受傷的。武裝自己，保護的是當年那個我，那個從以前就寧折不屈、不曾妥協、絕不認錯的小女孩。

物理距離上，出遊同房不同床是我能靠近的極限，我無法和她同床。我們曾為此大吵，當時我以寶寶還在夜奶親餵為由，拒絕和她同睡。事後冷靜下來，我知道真正的原因是——我無法和她同床，需要脫衣餵奶只是藉口。

成年後，我和她所有的相處都是某種程度上的壓抑。我對她的憤怒並沒有消失，只是壓抑住了。因為她是我媽，我願意盡可能忍耐、管好自己的嘴，直到密集相處撐不下去爆炸的那一天。

距離帶來美感也帶來安全感，我們目前分隔兩地，我離她很遠，這讓我能放心寫下這些。

有次，和朋友聊天講起我媽。我發覺我說不出「這不是她的錯」，從我口中吐出的是「這不是她的選擇」。然而，她沒有選擇，難道我就有了嗎？我能選擇的只有我和我的小孩的關係，我可以也必須斷開這樣的行為模式。每天我都在告訴寶寶，我愛他、我很喜歡他、他是我的心肝寶貝、他很棒。育兒至今，他是個遇事冷靜、好相處、很信任我們的快樂孩子。我何其有幸，有他來當我的寶貝。

大姑姑從小照顧我，是我心中永遠的家。在這點上，我對媽媽無所求，既無所求便無求不得苦。早在我有記憶前的嬰兒期，媽媽出國念書期間就是大姑姑照顧我。之後我依舊和爺爺奶奶姑姑們同住，直到小學高年級才搬離。小學時我和大姑姑會清晨一起散步到圓山吃早餐，這是我們獨有的兩人時光。國中時期，她會早起幫我準備熱騰騰的便當。大姑姑會碎念，我們也會拌嘴，但我從未害怕靠近她。我知道大姑姑一直在那裡，我總是可以回去。小時候我曾和弟弟討論過：「如果爸爸媽媽分開你要跟誰？」我的答案是大姑姑。大姑姑對我來說就是這樣溫暖而永恆的存在。

爸爸則是我尋求建議或需要做決定時最好的諮詢對象。當需要做重大決策時，我一定會和爸爸通電話，很多時候他給的建議都很有用。有時他主動提出的建議，事後回顧發覺真的很受用。博班期間，我隨口提起分租的室友買房要搬離，房東要收回房子，我也必須另外找住處。爸爸開口說，那也讓我去買房吧！鄉下小鎮的房價相當低廉，買下後我將其餘房間分租出去，生活費就有了著落，婚後我依舊受益於這間房子，持續有著獨立的經濟來源，也成就我這幾年的寫作底氣。這樣的愛，給了我飛出去的勇氣，我知道爸爸總是支持著我、守護著我。

成為新手媽媽的頭一年，我有什麼雞毛蒜皮的小事都立刻傳訊和爸爸說，長一顆疹子也講、寶寶吐奶也講、生病發燒更不用說，一定立刻報告。我知道我能即時得到爸爸的專業回覆，讓我在新手媽媽的路上安心、篤定。然而在我與媽媽的衝突中，爸爸是缺席的。例如媽媽開始新工作搬到高雄時，爸爸仍在臺北完成他最後半年的住院醫師訓練。之後爸爸自行開業，工時極長，總是不在我與媽媽衝突的現場。

弟弟採取的是和我截然不同的生存策略，相對於我的正面迎戰、堅持到底，他會選擇逃跑，遇到不如他意的事，他會無視並設法離開，避開正面衝突。

二〇一五年我在倫敦舉行婚禮，爸爸、媽媽、弟弟和大姑姑都飛過來參加。為了婚禮當天早上能在飯店房間梳化，我前一晚就入住。單身的最後一晚，我拉著大姑姑陪我一起住，我們一起享用貴賓室點心，隔天一起吃早餐，大姑姑看著新娘祕書來幫我梳妝打扮。人生的重要時刻，有他們在場是很幸福的。

我對於愛的親密接觸需求非常高，我和伴侶永遠都在牽手、親吻、擁抱，我也一直都在親和抱我的寶寶，我會熊抱大姑姑然後被她推掉，我和爸爸出門會牽手，我和弟弟見面隨時都在找機會戳對方肚子或是伺機拔他腳毛，這遊戲很無聊我知道，但我們已經玩幾十年了，能再玩多久是多久吧！但對於媽媽，我從來不會這樣做。

我現在有非常幸福穩定的關係，找到心愛的伴侶，結婚生小孩，我們的感情隨著相處時間愈來愈深厚。朝夕相處、點滴累積下來的幸福，和初相識的狂喜不太相同，而是愛緩緩地滲透到生活中的每一個面向。早晨的親吻是愛，睡前的擁抱是愛，筋疲力竭時伴侶一肩扛起執行小孩睡眠儀式的所有任務更是愛。我們是並肩作戰的伴侶，一起攜手面對人生中的種種難題，包括養小孩等各種挑戰。媽媽和爸爸已結婚四十年，他們的感情也很穩定。我和媽媽彼此間丟失了某些連結，但在其他方面我們依舊能與人維持關係。

媽媽當年有長輩照顧她，填補了阿公消失的缺口。我有大姑姑，讓我知道一個不把我看成一張成績單、不會打我的媽媽會是什麼樣子。爸爸、媽媽、大姑姑，各自帶給我不同樣貌的愛，我都一一領受了，我知道我是被愛著的。

我們——現在——這樣——很好。

九——給阿公的家書

親愛的阿公：

雖然我和你從未見面。過去、現在、未來都不可能再見。但這十多年來，一路拼湊著你的足跡，似乎也多少知道了些什麼。

雖然我做再多，你都不可能回來。但我還是努力了，努力去學著記得。

我無從得知你是否後悔。曾有人問過我一個問題，如果我能回到當年去和你說話，我會說些什麼？會勸你不要加入組織嗎？

我想了想，答案是不會。我並不認為你做的事不對，那樣的年代，見識過對人民的屠殺與掠奪，換成是我，也會尋求各種反抗國民黨政府的可能。但我會想和你說清楚的是後果：可以自首，自首也的確回得來，但要兩全就只能說服所有人一起自首。說服不了的話，不講就是下注，賭你沒說出來的陳廷祥不會被抓，或他被抓了不會說出你來。只不過，這局你沒賭贏。

如果是我呢？

也許會是一樣，對方既然不同意自首，不說，是不負他。

那另一邊的責任呢？

被你留下來的阿嬤，還有三個幼子。

媽媽甚至年幼到你不曾親眼見到啊！

你難道就不辜負了嗎？

世事總無兩全。

即使我可以理解你的決定，但理解並不是就不痛了。你留下的巨大空白，不是可以用理解填滿的。但卻將我們置於困境的網中，牽扯糾纏，不曾遠去。

你走後，阿嬤自此將你鎖在記憶深處，她和你只相處五年，但她終身未再婚。

我不曾聽阿嬤提過關於你的任何一丁點事蹟。媽媽也說在她印象所及，阿嬤從未和她提過你。

你走後，家中第一個困境就是失去主要經濟來源，阿嬤只好將小孩暫託給夫家公婆，自己出來工作養家。你走後，家裡固定有警察來查戶口，這一查就是幾十年。舅舅、阿姨、媽媽，還有你的弟弟妹妹們，全因為你的關係被監控。住哪裡、工作收入多少、個性如何，甚至家裡是否有懸掛蔣介石照片等，全在查核範圍之內。

再後來，媽媽申請到留美獎學金，但護照辦不下來，留學夢就這樣斷了。要再過三十年，我和弟弟，才各自出國拿學位。離你過世，接近一甲子。

阿嬤晚年失智。她不認得兒女、不認得孫子們，卻心心念念著身分證。她將身分證密密收妥，大包裡是中包，中包裡再小包，隨身攜帶。每日問上百餘次身分證在哪？問到後來，她已不知外間事物，更不曉得早已換發新的卡式身分證。媽媽將舊身分證掃描彩色列印護貝，一口氣做了幾十張，好讓阿嬤隨時都能拿到一張「她的身分證」。

你有選擇，或者說，你做出了你的選擇。

而被留下來的我們，沒有選擇。在那樣的時空環境下，生存本身就是目的。

而這幾十年來的國家監控、騷擾、查戶口查到阿姨的婚宴上，你可曾預想過？是幸，也不幸。你的家族、阿嬤的娘家，多少承接了你走後帶來的衝擊。人亡，家未破。阿嬤展現了無比的求生韌性，繼續支撐這個家，直到孩子們長大成年、結婚生子。這就是你留給阿嬤的！值得嗎？對她公平嗎？

我當然知道這不是你的錯，但你的人生道路是否有其他選擇？

你的小弟在你走後多年，和你選擇相同的職業，同樣回到路竹開業，沒幾年光景就賺到足夠退休的金額，中年退休，舉家移民赴美。幾年後覺得退休生活無趣，又考上美國牙醫牌照重新開業，靠著技術精湛，成為年收入六十萬美金的牙醫師。有充裕的資金栽培小孩們成為牙醫師繼承衣缽。現在叔公已經再度退休，把診所交給小孩打理，和嬸婆一起享受著他們的晚年生活。

你原本有機會在自己的人生道路上繼續前進的……。

關於被記憶這件事，我很努力了。從十多年前開始，我就試著現身，一遍又一遍地說著我僅知的關於你的故事。也透過部落格記錄這一切，一再一再，把聲音傳出去。就像往水裡丟石頭，一次一次，都會激起漣漪，漣漪能傳多遠，我不知道。但我知道如果不丟石頭，那就什麼都不會有。於是，就算我從來都沒準備好，也許永遠不會有準備好的一天，我還是不斷地寫、不斷地說。不容青史盡成灰，而我就是那執筆人。我知道這十多年來的努力，不是完全沒有成果。在一些歷史的片段間，可以看見你的名字被提起、被重新認識。

這也是我唯一能做的。

想和你說的是，我們，都好。

想必你已經和阿嬤重逢。她經歷了你離開後的巨變，沒有因此而倒下，而是一手把三個孩子帶大。舅舅已在今年走完他的人生，也圓滿了你想捐獻大體的願望，成為大體老師，想必已經和你相會了。阿姨近來也升格當祖母，喜迎雙寶。媽媽從教授職位退休，弟弟比我早幾年在美拿到博士學位，現職是你的年代尚未產生的職業：電腦工程師。我幾年前有了孩子，他是無極限的可愛，成為母親後我無法和寶寶分開，更無法想像死別。

如果是我，當有一天，寶寶和另外一些我看重的事，被放上了天秤的兩邊，我必須如何抉擇？

我只希望，我永遠也不會有必須做出這樣選擇的一天。

我完全信任我伴侶的育兒能力，他是非常優秀的爸爸，照顧小孩的能力更在我之上。如果真有那麼一天，我想我不會遺憾，只是這對於被留下來的人，從來就不公平。我和伴侶，相識於我到英國讀博士班的第三年。我們成長於不同的文化，說著不同的母語，但這從未造成溝通上的阻礙。他和我既相似又互補，我們的思考邏輯、對事情的推論過程是驚人的相似，總是默契十足。除了媽媽，也只有他能接住我沒頭沒尾的話，不需要我交代前因後果。他細心體貼、我大而化之，他觀察入微謀定而後動、我衝勁十足事情先做再說。婚後共同生活至今，我們體會到了和所愛朝朝暮暮可以是何等快樂。有我、有他、有寶寶的我們家，當下即是幸福。

我們，活著，都好。

我不知道我現在的世界，是不是你理想中的世界？我們很努力讓這個世界往更美好的方向走去。或許，我們現在關心的，和你當年關心的不太相同。但我們都希望這個社會能更好。你當年也是這麼想的吧？

你是經歷過戰爭，見證過那些凶險殘酷的人，然而這些沒有改變你，你依舊選擇理想。經歷過二二八、失去對國民政府的信任後，你依舊試圖找尋其他可能。即使你沒有成功，但希望的火種不滅，我們終究如此長大了。

我坐在窗前的書桌，打下這些字的同時，看著窗外的藍天，想著你究竟在哪裡？

你消失了這麼久，還會存在嗎？

我們知道你存在過，也知道你不會回來。這麼久的時間裡，你可曾進入阿嬤的夢中？至少，我不曾夢見你。一切的追尋，在某種意義上，都是徒勞。

忘記在哪看到，人可以被殺死兩次，第一次是肉體的死亡，而第二次是被世人遺忘。我無法讓你起死回生，但我盡力讓你不被遺忘。或者說，關於重新記憶你，對我來說，是從無到有、一點一滴找出來的。

冬天有淒涼的風，卻是春天的搖籃
你流的血照亮著路，我們繼續向前走

——《安息歌》

研究者專章

迷霧中的偕同之旅——記路竹支部與遺族的追尋

林傳凱

黃溫恭之死，幾個關鍵字

這一則追尋家族歷史的旅程，也許起源於這個日子：一九五三年五月二十日，三十三歲的路竹鄉牙醫黃溫恭仆倒刑場。

可是，走向這個結局前，黃溫恭是什麼樣的人？走過什麼樣的路？對於他的孫女，甚至兒女，像一片白霧中的謎團。縱使流有繼承的血脈，但關於他的生平、他的呼吸、他的視野、他對這個世界曾有的感受與思索，卻幾乎未曾留下任何紀錄。走進他成長的路竹老屋，漢藥櫃依舊殘留陳年香氣，但牆上的照片、鄰里的追憶，都遍尋不著他的痕跡。

在一九五三年後的半世紀裡，關於他的紀錄幾乎只剩唯一版本：由保密局、保安司令部軍法處、國防部、總統府等機關攜手寫下的一串紀錄。在這則國家敘事裡，他是禍國殃民的「匪諜」，是政府曾經給予「機會」卻不知悔改的「自首不誠者」。這個「匪諜」還掛著一些令人費解的頭銜：路竹支部、燕巢支部、高雄市工作委員會、臺灣省工作委員會。

我還記得，十多年前，作為旁觀者，我第一次見到與黃溫恭有血脈關係的人們時，無論他們或是我，都無法在第一時間對檔案上的字眼做出反應。當時浮現的只有一連串提問：他真的參加共產黨嗎？他做過那些事嗎？若真的是，我們該怎麼反應？他的死是「應該的」嗎？

無論如何，從我的視角，這段追尋的旅程幾乎就是以這則「國家敘事」為起點，然後通過超過十年的檢驗、辯證、逐步改寫同一場景中不同於國家觀點的另一種詮釋。最初，當我們翻閱檔案中難解的字句時，先灑落出來的線索，就只有一連串人名——逐步比對他們是否也曾被捕？是生、是死？跟路竹有地緣關係嗎？是他的親友或同窗嗎？按照國家的說法：他們都是黃溫恭的同黨、同路人、同情者、地下黨同志。無論我們信或不信，在那樣的時空條件下，這就是我們唯一能握在掌中並作為「起點」的線索了。

最初收集到的人名有：呂碧全、呂從周、黃金清、馬玉堂、盧燦圭、朱子慧、陳廷祥、陳文彬。他們像是一粒粒星子，兀立散布在無聲的夜空。爾後，隨著旅程推進，這些星星逐漸連成星系，最後呈現出一張比較清晰的圖像。那關係到戰後一代青年的愛與死：他們長於家中、隨時代左傾、在刑場殞落，最後成為白日裡稀薄的殘影，爾後刻進冰冷的紀念碑。血脈連繫的親人，則無聲地在往後的半世紀中沉默，最終才僥倖地偶然握住從遙遠年代飄回的一方殘骸，上頭隱約有他的名字。至此，破裂的家庭才找到一種悼念的方法、思念的基石。

我試著以旁觀者的視野，寫下關於黃溫恭、他的朋友、還有他的家人爾後追尋的漫長旅程。

呂碧全、呂從周

我們第一位拜訪的見證者是呂碧全先生，時間是二〇〇九年一月八日。以他作為起點，其實沒有太特別的原因，我們先閱讀一九五三年五月十四日的這份判決書，上面寫著黃溫恭同案們的身分與下場：

黃溫恭，三十三歲，春日鄉衛生所主任，死刑。
陳廷祥，三十四歲，燕巢鄉公所民政股長，死刑。
許土龍，四十九歲，燕巢鄉公所幹事，十年。
陳清祈，四十三歲，燕巢鄉農會信用部主任，十年。
呂碧全，十九歲，岡山中學學生，感訓。
陳萬琳，三十五歲，燕巢鄉農會總幹事，感訓。
陳廷銓，三十五歲，橫山國校教導主任，感訓。
蕭明發，三十八歲，燕巢鄉農會理事長，感訓。
陳萬壽，五十三歲，農民，感訓。

一九五四年九月六日，許土龍、陳清祈因出現「新罪證」而更改判決：

許土龍，五十一歲，燕巢鄉公所幹事，死刑。

陳清祈，四十五歲，燕巢鄉農會信用部主任，死刑。[1]

至此，其實已經說明以呂碧全為「起點」的原因：當我們在二〇〇九年開始探訪此案時，他是唯一還活在世上的當事者，其他人不是槍決，就是已經隨著自然的節奏離世了。

不過，閱讀當年的判決書，感覺呂碧全在其中有些「格格不入」。第一，他年紀最小，還在讀中學，其他人幾乎都是三十五歲以上的上一兩輩人。第二，他只是中學生，其他人卻是當年在農村中頗有地位的醫師、鄉公所職員、農會職員、國校老師、乃至於老農民。就只有他一個人尚未「出社會」。第三，他的案情與其他人幾乎沒有關係。放在一起的理由，似乎只是因為地緣關係——他住在燕巢的東燕村，因此跟「燕巢支部案」放在一起判決。

仔細閱讀這份判決書，裡面的人大概牽涉到好幾段案情：首先是黃溫恭所屬的路竹支部，以及陳廷祥在一九四九年春天組織的燕巢支部與路竹支部。次者，是前建中校長陳文彬在一九四七年夏天在燕巢組織的一個左翼讀書會。最後，則是「孤伶伶」的呂碧全，判決書指控：「呂碧全思想偏激，自卅六年間起經常閱讀《馬克思入門》、《資本論》、《滅亡》、《新生》等反動書刊」、「且有其親筆摘錄之讀書心得紙條附卷，可證其思想偏激、無可諱言。」

呂碧全是這個案件的「孤鳥」。理論上，他的案情與同案的人都沒有牽扯。那麼，他為什麼會被抓？若有那些書籍，書籍來源是哪裡？又在怎麼樣的時空背景下，一位中學生會開始閱讀《馬克思入門》或《資本論》？

「我是因為哥哥被捕的。」老人呂碧全在受訪時這樣說。

他的哥哥叫呂從周，燕巢人，當年考進臺中農學院。一九四九年前後，臺灣只有四、五所大專院校——最南端是今日稱為成功大學的臺南工學院；中部是爾後稱為中興大學的臺中農學院。再來就要到臺北市，這裡有帝國大學改制的臺灣大學、新建的省立師範學院，以及一九四九年春夏才從上海江灣遷來的國防醫學院。

換言之，呂從周當年是當之無愧的高材生。不過，為什麼因為哥哥被抓？試探這個問題時，呂碧全的語氣轉為保守：「哥哥的事情，我不瞭解。我只知道，政府要通緝他，在燕巢的街上還貼了通緝他的傳單。我對哥哥在臺中農學院的事情並不瞭解。政府是因為抓不到他，才來抓我充數，我是因為這樣才入獄的。」

在當時七十五歲的呂碧全的言談中，我見到一種熟悉的閃爍。那是走過牢獄歲月後，對於當前時代的不信任。我們反覆推敲，老人呂碧全依然謙遜地表示：「哥哥離開家之後到臺中念書，他在學校認識誰、做了什麼事情，我都不清楚。」後來，我們把話題轉到哥哥的下落，呂碧全講述道：「被通緝後，哥哥當時的情況很危急。他曾經偷偷回到燕巢家中跟我見面，告訴我他必須離開臺灣了。他當時交了一個女朋友……外省人，是臺大學生。他們一起逃亡。」「後來特務在火車上要抓哥哥，那個女孩子就在車廂通道間用身體擋住特務，哥哥才有機會趁機跳下火車逃跑。」「後來，那個女孩子聽說也坐了牢。現在什麼情況……，我也不清楚。」「至於哥哥呢，他現在住在紐西蘭。」

聽到這裡，我突然閃過許多念頭，於是脫口而出：「啊，夏小姐？您說的是夏小姐嗎？」

老人呂碧全的神情變得古怪，他有點遲疑而訝異的問道：「你……怎麼會知道這個名字？」

我會知道這個名字，跟追尋黃溫恭的旅程一點關係也沒有。那是另外一條脈絡的採訪：當時，為了探索一位名為「于非」的神祕人士牽涉的政治案件，我陸續拜訪幾位政治犯，包括來自江蘇、當時是臺大物理系唯一女學生的姜女士。她在一九五一年六月二十九日遭判刑十五年，在二〇一一年受訪時身體還很硬朗。

按照姜女士自述，來到臺灣後，她在校園認識了就讀臺大歷史系的學生于凱、張慶，他們都參與一個名為「耕耘社」的社團——由一群無法溫飽的外省學生利用校園空曠處種菜、充當伙食的互助團體。于凱是社團好友，在他介紹下，她認識了以「于非」化名來臺灣發展情報組織的朱芳春。漸漸的，她涉入了這個組織的活動，曾經協助過抄寫地圖、傳遞情報，直到最後被情治機關逮捕。

後來，話題慢慢轉向耕耘社的同學們。這個社團裡有許多社員因為不同原因被捕。一些人純粹是思想「進步」、一些人參與地下組織，還有一些人只因為跟「這些人」同一個社團而被牽連。我與姜女士一一盤點了耕耘社社員們的案情，她以明快的「她不是」、「他不知道『我們』是」等語句，對我釐清裡面的人際關係。

就在這樣的情境中，她提到了夏小姐。姜女士說道：「她是我們的同學，河北人。她跟我們很好，都是女孩子嘛，我們都稱她『夏季』，每天玩在一起。她的個性比較直率，說起話都大剌剌。所以，那種事情，我們不會找她，她太直率了，容易出問題。」

「既然如此，夏小姐為什麼會坐牢呢？」我繼續追問。

「她坐牢啊，是因為愛情的緣故」，姜女士道，「當時，臺大學生有一個『麥浪歌詠隊』，你聽過嗎？經常會去外面交流。我唱歌不好聽，但我還是參加了，因為我好多朋友在裡面，也喜歡跟他們出去玩。夏季唱的就好聽了。有一次，我們去到臺中巡演，在臺中農學院，舉辦了一個營火晚會，好多中部的同學也來參加。就在那次，夏季認識了一個本省同學，姓呂的，是農學院自治會的幹部吧？於是兩個人就要好起來，漸漸來往，成為了情侶。」

「後來，聽說那個姓呂的同學也有思想問題，開始逃亡。夏季，就跟他逃亡，還去到他臺灣南部的故鄉躲藏，具體是哪我也不知道。」姜女士進一步描述——夏季敢愛敢恨，從年輕到老都一樣。

「後來，這個本省同學走投無路了。夏季大概感覺我們有管道，就求我們幫忙，讓她的男友逃離臺灣。」姜女士繼續說：「裡面的過程，夏季大概不清楚，清楚的話她就判更重了。」「後來，我就對于凱講，要他想想辦法。當時因為組織的關係，他跟在國防部工作的蘇藝林[2]有聯絡。蘇藝林是國防部的參謀嘛，關係很好，比較有辦法。後來，蘇藝林弄了一張假身分證給于凱，于凱給我，我給夏季，她的男朋友才有機會逃離臺灣。」姜女士說：「所以——你看我們的判決書，夏季的罪名是偽造文書，判刑六個月，緩刑兩年，跟我們都不一樣。」

「這都是為了愛情。」姜女士這樣總結。

二〇〇九年初的那個下午，在燕巢的老屋中，聽完呂碧全老人的話，我突然把兩件事情連繫了起來。

呂碧全有點尷尬地跟我說：「是，是夏小姐，是她救了我哥哥一命。」

這次見面後，我們與呂碧全老人維持了一段時間的聯繫。二〇〇九年，綠島的新生訓導處與綠洲山莊舊址，正朝建立國家人權博物館的目標前進，經常邀請政治犯返回綠島。因為往年參與的常是一批固定的老面孔，那一年我跟張旖容也邀請呂碧全老人參與。

其中一天行程，主辦單位邀請各方前來的政治犯，齊聚在綠島的一間海鮮餐廳共享午餐。我們跟呂碧全先生同桌。突然，隔壁桌的另外一位政治犯陳明忠先生路過，朝我們這邊看了一眼。然後他與呂碧全兩人對看，彼此都愣了一下。陳明忠先生率先發問：「你怎麼在這邊？你怎麼會來？」

原來他們是舊識。

當下呂碧全老人有些訝異，隨之而來是熱絡的氣氛。兩人談話一段時間後，陳明忠先生突然問到：「你哥哥最近還好嗎？」從旁聽著，我才知道呂從周與陳明忠當年在臺中農學院是相當熟識的同學。

當時，我們只知道他們彼此熟識。但所謂的「熟識」究竟指的是什麼，又要再過上許多年，等更多條件變化後，才有辦法進到更具體的場景。陳明忠先生在早年多次陳述中都否認參與共產黨，只表示是因為二二八時的「二七部隊」加上思想左傾被捕。不過，在二〇一四年出版的回憶錄《無悔：陳明忠回憶錄》中，他這樣重述了校內經歷：

回到學校（按：指臺中農學院）大約一年後，我祕密地加入了地下黨。我入黨的時間是一九四八年三月二日，就是臺中開市民大會的一年後。因為我在二二八事件中表現勇敢，本來又有社會主義的思想傾向，地下黨早就注意到我。我和農學院的謝桂芳、呂從周三個人一起入黨。呂從周是陳文彬（光復初期是臺大教授，後來擔任建國中學校長）的外甥。他原本考上師大，不讀，又考來農學院，和我住一個宿舍。謝桂芳是鳳山人，在高雄中學時高我一級，但光復後才考上農學院，所以，到農學院他成了我學弟。我們三個人在一起談得來，後來一起入黨，發展成支部，謝桂芳年紀大點，做書記。

我們三個被觀察了一年才入黨的，入黨的地點是在臺中陳福添的家裡。牆上貼一塊紅布，李舜雨帶著我們三個宣誓。李舜雨（後來逃到大陸，改名李紹東，二〇一一年九十二歲逝世於北京）是職業革命家。他的父親李喬松，是日據時代農民組合的領袖之一，非常有名。我先由李舜雨領導，李舜雨逃走後，又交由李喬松領導。

二〇一四年前後，我前往陳明忠先生在和平路上的家，請教他在農學院的經歷。此時他才說道：他、呂從周、謝桂芳三個人，都是來自高雄的青年。他們雖然參與組織，但並非本地人，加上組織技巧還很稚嫩，因此除了一股思想上的熱情，具體行動就只有在運動會發過傳單。「坦白說，當年我是有點挫折的，好像組織搞不起來。」陳明忠先生這樣說道。他又補充，因為「二七部隊」的經驗，他更希望到山裡建立基地。因此，如他在回憶錄所述——他嘗試到霧社山區活動，後來又申請到日月潭茶葉試驗所當化驗員。

不過，這些嘗試都沒有結果。隨著時局變化，他返回故鄉擔任岡山農校的教師，並在一九五〇年被捕。[3]

至於呂從周，陳明忠在回憶錄補述了這樣一段記憶。當一九五〇年特務在臺中農學院逮捕謝桂芳後：「謝桂芳戴著手銬下來，正好呂從周吃飯回來，看到他，謝桂芳偷偷把衣服拉上來，給他看見自己戴了手銬。呂從周明白，謝桂芳被捕了，趕緊跑路，跑到岡山，叫他哥哥來通知我，要我小心，他不知道我那時的黨籍已經移到臺南市了。後來呂從周竟然能夠偷渡，跑到大陸去，真是幸運極了。」

所謂的幸運，則跟夏小姐的努力有關。

至此，我們初步釐清了一些人際關係。首先，呂碧全與黃溫恭，沒有案情上的任何牽扯。呂碧全被捕，與他在臺中農學院參與地下黨的哥哥呂從周有關。無論思想啟迪，或是哥哥回家躲藏，呂碧全多少知情。但在二〇〇九年的氛圍中，他試著迴避掉哥哥逃去福建、擔任過「臺灣民主自治同盟」幹部的經歷——這些似乎是臺灣社會難以理解的禁忌。為此，他才在我們初次造訪時三緘其口。

後來，呂碧全告訴我們，哥哥「離休」[4]後，決定移民去紐西蘭度過晚年。偶爾，他會返回臺灣探訪親友。

除此之外，我們還獲得一些線索：陳文彬是關鍵人物。不但呂從周、呂碧全是他的外甥，跟黃溫恭同日槍決的陳廷祥也是陳文彬的姪子。

又過了更多年以後，從解密檔案中，我們讀到黃溫恭的自白書。他自述接觸左翼思想的起點，就是二二八事件後，剛從建國中學解聘的陳文彬返鄉組織的一個左翼讀書會。

隱隱約約間，看起來各自孤立的名字，通過案情上沒有直接關聯的呂碧全先生，逐漸建立起聯繫。

最後，我們將目光轉回黃溫恭身上。

「我跟黃溫恭先生，在被捕前並不認識。」老人呂碧全解釋道。「不過，在軍法處的時候，我們關在鄰近的押房，所以我見過他，他當時被刑求得很淒慘。」

他訴說時，我注意到在我隔壁的張旖容，雖然表情沒有什麼變化，眉頭卻有點緊繃起來。當呂碧全更仔細地描述刑求時，張旖容用指尖抓了我的手腕。彷彿，此時此刻，她的肉身也感覺到那股疼痛。

爾後，我問她記不記得當下的反應。張旖容說，她完全沒有印象了——我卻清楚記得這個時刻。也是從此刻開始，我逐漸意識到，張旖容對於追尋祖父的足跡有一股巨大動力。但是，她對於自己的情緒感受，卻未必能在當下清楚覺察，甚至難像我一樣用語言清楚描述。又過了許多年，我才比較確認這跟她家族的政治受難經歷有關——尤其是她與「無父之母」間的緊張關係。

當呂碧全老人講述完刑求的見證後，他突然對著張旖容說：「妳祖父要槍決前，有交代遺言給我。」

聽完這句話，張旖容與我這個「外人」的眼睛都為之一亮。呂碧全老人繼續說：「他請我繼續完成他在春日的研究，香菇的培養基。他認為人工培養香菇的關鍵就在這裡，只要能突破，人工培育香菇的未來就指日可待。」此外，他還託呂碧全出獄後帶話給某位朋友，轉告他：「將來就交給你們了。」

實際上，我們始終不清楚黃溫恭的遺言代表著什麼。我們對他逃去春日鄉後的生活，近乎一無所知，遑論沒頭沒尾的栽種香菇實驗。他希望交付遺言的朋友，日後也輾轉表示不認識他。那麼，究竟黃溫恭口中的「將來」是什麼景象？他想託付給誰？最後的心願是什麼？一切的一切，無論在過去或將來，也許都是永遠無法解答的謎題了。

黃金清

我們找到的第二位見證者是黃金清。在黃溫恭的判決書中，有一段簡短記述：「黃溫恭於卅八年初在高雄縣路竹鄉……參加匪黨組織，並先後吸收黃金清、馬玉堂、陳廷祥等參加其組織」、「四十年十一月向屏東縣黨部自首，竟不將陳廷祥之組織關係交出。」

按照國家的說法：黃溫恭在一九四九年介紹黃金清參加地下組織。一九五一年十一月，黃溫恭帶著他跟馬玉堂一起跟政府「自首」。[5]二〇〇九年的某日，張旖容傳來消息，她轉告母親提供的一條線索：判決書上記載的黃金清是她家遠親，人還健在，就住在路竹火車站附近。

於是，我們一同前去拜訪黃金清老人。

我的記憶中，當日的談話開啟於一個有點違和的氛圍中。我們想追問的是一九五〇年代被指控為與中國共產黨有關的一段往事。不過，在二〇〇九年時，黃金清卻是清晰抱持「臺灣獨立」認同者。他一開始就自豪地說道，陳水扁在競選連任總統時，他是地方上的積極支持者：「我家就是阿扁仔在路竹鄉的聯合競選總部！」接著，他望向黃春蘭，痛斥當年白色恐怖是中國人打壓臺灣人的殘酷歷史，並且反覆提到大家要有臺灣主體性的思想。

當時，在黃金清老人的客廳裡，瀰漫著一種很「政治正確」的氛圍。一時間，我很難問起一九五〇年前後的那段經歷。

後來，黃金清看著黃春蘭，主動說：「一九五一年，白色恐怖變得很嚴重，很緊張。有一天，黃溫恭醫師來找我：『不然我們去自首吧。』商量之後，他就帶著我跟馬玉堂，一起出面去辦了自首。」

這段自述，彷彿與判決書的內容有些呼應，卻又顯得沒頭沒尾。

於是，我試著追問：「那……為什麼黃溫恭會提議，要一起自首呢？」此時，黃金清老人的神情變得有點消沉，只是簡短告訴我們：「那時候，我在藥鋪工作。有的時候，黃溫恭醫師會拿一些《光明報》、小冊子給我們看，裡面都是批評政府的文章。但……其實也沒什麼事情。白色恐怖開始後，因為害怕，所以他就約我們一起出去自首。」

「喔，光明報。」聽到這段話時，我感覺張旖容跟我一樣都震動了一下。不過，基於某種禮貌，以及好不容易在違和的氣氛中稍稍露出關於一九五〇年代的一絲曙光的謹慎，我們似乎害怕造成驚擾，讓好不容易露出話頭的黃金清老人又縮了回去。

於是，我們按捺反應，靜待黃金清繼續訴說。

在此稍微說明一下《光明報》的性質。這份地下黨的刊物相當有名，並讓特務機關循線破獲了基隆的地下組織，[6]也因此導致許多謠傳。

根據許多傳言，《光明報》是基隆中學校長鍾浩東親自編寫的刊物，這卻是嚴重的誤解。第一，鍾浩東沒有參與編印。他是地下黨「基隆市工作委員會」的負責人，規劃全市活動——甚至連基隆中學的校內組織，都是由另一位老師藍明谷負責。《光明報》的編印是由三名直屬「省委」的外省籍地下黨員徐懋德、[7]陳仲豪、[8]林英傑[9]負責。第二，根據鍾浩東的上級，也是親自編輯《光明報》的徐懋德在我訪問時親述：「很多人說《光明報》在基隆中學編寫，這是錯的。我們三個人定期聚會的地點，是在基隆中學附近，八堵的一處隱密山洞」、「頂多只能說，我們把《光明報》的內容擬好後，會交給基隆中學的一些教職員協助刻鋼板油印。這些印出來的版本，再通過組織祕密傳遞到臺灣各地，每個地方都有黨員複刻，然後流傳開來。但是，不能因此說《光明報》是在基隆中學編印的。」

那麼，《光明報》是一份什麼樣的刊物？徐懋德老人在親自受訪時說道：「沒有什麼高深的理論。這是一份群眾刊物，就是我們定期蒐集報章雜誌上，剪輯批判國民黨腐敗的言論、或是最新的大陸戰況，綜合起來，用通俗好懂的方式介紹給群眾。」徐懋德老人進一步總結：「是群眾刊物的性質。甚至不是地下黨唯一發行過的群眾刊物。」

從這些年的陸續採訪，我聽到了一九四九年初期，在各地以各式各樣方式翻印《光明報》的經歷。在臺北市的師範學院宿舍，學生們以社團活動名義在晚間翻印這份小報；在新竹縣參議會，議員助理在夜晚利用參議會的紙張，偷偷翻印《光明報》，再於破曉時投入住戶信箱；在臺中市柳川，出身「農民組合」家庭的長女，帶著兩個弟弟在深夜幫忙父親翻印。目前知道最南方的翻印紀錄出現在屏東市：邱連球、邱連和兄弟，在屏東市媽祖廟前T字型路口的對角街屋開設「南臺行」，表面是商行，夜晚則成為刊印《光明報》的陣地。

就這樣，自北到南，這份刊物不斷流傳，成為許多苦悶的民眾一窺時代的小小窗口。從黃金清的見證可知：黃溫恭曾經看過《光明報》，並將這份刊物遞給在他父親的漢藥店工作的助理們。

這也印證檔案中，黃溫恭在「自白書」的記述：「有一個患者盧燦圭來治療，一聊起天來，感覺他常識非常豐富，而頭腦特別好。……起初是聊天，慢慢地談起社會現象來。再來呢？就刺激我來了。……他看我到能聽他的話時，就拿一張《光明報》來給我看。並說明這一張油印的貧弱的小報子是最正確的，最反應民意的。」黃溫恭接著寫道：「由好奇心，而問他這報由那地方拿來的？他不答。而說：『假如你要看我介紹一個人來和你認識，他可以每期給你。』我就答應他……。後來他真的介紹一個人來，他介紹的說：『這人是高雄市人吳先生』……這樣的認識起來了。」

此外，讀過《光明報》的也許不只是黃溫恭。判決書有一段簡短紀錄：「陳廷祥於卅八年七、八月間由黃溫恭介紹，在其家參加匪黨組織……成立燕巢小組，自任組長，並將上級發下之《中共黨史》、《光明報》、《新大陸》等反動刊物交與閱讀。」

看來，當年在八堵山洞中刻印的這份小報紙，順著時代的渦流，也遞送到高雄的路竹與燕巢，最後成為漢藥店助手眼前映照世界的一扇窗口。

不過，黃金清先生雖然提到《光明報》，也說到了「很多是偏向『那邊』的言論」、「比較左傾」，卻始終表示自己跟地下黨沒有什麼關係，而且他堅持「臺灣主體」的道路。在我的感受中——這也許只是我的主觀想像——黃金清老人呈現出那些年我常見的另一種情緒：既想坦露自我在過去的狀態，又想捍衛自己在當前的選擇。隱藏得更深刻的矛盾是：「過去的自己」與「現在的自己」在想法上已經不同、甚至斷裂了。這經常變成一種反覆的證言：過去有發生過那件難忘的事，但那件事情其實不重要、沒什麼，請你不用多想。

一面談民進黨，一面談共產黨，在有些「卡住」的氛圍裡，我們的話題也斷斷續續。突然間，黃金清老人望著黃春蘭女士放聲大哭起來。接著，黃春蘭女士也跟著放聲大哭。

在那個時刻，彷彿所有「卡住」的言語都擱置了。歷經劫難的「自首者」與劫後倖存的「遺腹女」，通過淚水，彷彿彼此共感了什麼，進而一齊釋放壓抑甚久的情緒。作為旁觀者，我並不真的知曉哭泣者當下的情緒是什麼——對黃溫恭先生的懷念嗎？對他命運的忿忿與感傷嗎？或在今非昔比的落差中，感受到「確認自我的方向」是一段多麼辛苦的旅程？

我不知道。我與張旖容，就在他們的哭泣聲中靜默。

等黃金清老人稍稍平復後，他整理了自己，彷彿又回到一開始那種裝備好的狀態，用一種似乎說著「別人經歷」的口吻，提到另一段回憶：「其實黃溫恭先生好多事情都沒說。」

「譬如什麼事情？」我們看似平靜地問道。

「當時，他安排了一個女人，外省人，躲在我家後面的豬寮。」

「我不知道她是什麼身分，只知道她先生已經被捕了，她必須躲起來。」

「黃先生要我照顧她。她看起來很慌張，蓬頭垢面，很可憐。」

「後來我看報紙才知道，她的先生，叫陳澤民。」

「陳澤民？」我難掩驚訝。他是地下黨的核心成員，福建人。雖然抵達臺灣的時間較晚，已經是二二八過後的事，但他隨即接手副書記職務，也就是臺灣地下黨的第二號人物。

在此稍微交代一下地下黨的分工：發展到一九四九年的時候，「省級」核心幹部共有四人：書記蔡孝乾、副書記陳澤民、武裝部長張志忠、[10]宣傳部長洪幼樵——也許還可以加上李媽兜。縱使稱為「省級」幹部，他們各自帶領責任區：蔡孝乾負責大臺北與社會上層、陳澤民負責高屏、張志忠負責桃竹苗、洪幼樵負責中彰投。至於雲林到屏東的農村，全由李媽兜一手包辦。

換言之，黃金清老人口中：「黃溫恭先生沒說的事情」，就是他帶著地下黨副書記、高屏總負責人的妻子，在大逮捕的恐慌下，躲進路竹鄉的民家豬寮，保護了她一段時間。

這件事情，在檔案中沒有任何紀錄，恐怕是情治機關到最後都未察覺的情節。我們大約只知道：一九四九年底，陳澤民被保密局逮捕，成為高屏地區組織遭破壞的重要關鍵。至於他的髮妻下場如何？檔案中似乎找不到更多紀錄。

最末，我們再跟黃金清老人確認一九五一年辦理自首的情境。他說道：「黃先生、馬玉堂、我三個人，是一起去屏東縣黨部辦理自首的。至於黃先生後來為什麼槍決……？這牽涉到陳廷祥的事情。為什麼陳廷祥不一起自首？詳細的情況，我就不清楚了。」對照檔案來看，一九五一年自首後，黃溫恭確實曾經返家一段時間——但他的恐懼似乎未曾消解，仍有隱憂。因此他離開了路竹，搬去偏僻的春日鄉任職。他爾後再捲入風暴，則涉及與陳廷祥有關的另一串變故。

此時，黃金清老人已經回復平靜，彷彿若無其事地說著一段「別人」經歷的陳年往事。至於路竹支部、燕巢小組，我們無法再從對當前局勢的熱烈評論中聽到一點蛛絲馬跡。因此，我們告別黃金清老人，離開他張貼陳水扁競選紀念物的家中。

不過——「光明報、陳澤民、自首」，二〇〇九的這趟造訪，我們確實又拾起、確認了另一些關鍵字。接下來該往哪邊去？不知不覺，我們逐漸走向判決書上的核心見證者。

盧燦圭

「盧燦圭還在世嗎？」

「不可能吧？如果還在世，應該要一百歲了。」

我跟張旖容，拿著一九五〇年盧燦圭涉案的另一份判決書討論著。根據判決書記載，盧燦圭在一九五〇年十一月十九日遭判刑十年，判決時已經三十七歲。當年是政治犯中的年長者。[11]

回憶裡，跟張旖容討論時，我們對盧燦圭在世的可能性幾乎不抱期望。退一百步說，即便在世好了——即將一百歲的人，能期待他對一甲子前的事情還有多完整的記憶？那幾年，看過太多不可違逆的「生物法則」的作用——清朗的八十多歲老者，在短短半年，萎縮成瘦小模樣，而清晰的記憶則在短時間風化殆盡。

何況，是活了快要一世紀的人。

不過，他確實是黃溫恭生前的關鍵人物。判決書記載道：「黃溫恭於卅八年初，在高雄縣路竹鄉，由業已被捕之叛徒盧燦圭介紹參加匪黨組織……。」

假如人已經離世，他可曾留下訪談紀錄？我們查到藍博洲在一九九七年發表的《高雄縣二二八暨五〇年代白色恐怖民眾史》。當時，盧燦圭還健康，講述自己被捕前在路竹做餅維生。不過，他堅決否認「路竹支部負責人」的指控，表示自己只會做餅，哪來參加共產黨的條件？

確實，想來奇怪，即便年紀相仿，一位是餅店師傅，一位是歸國牙醫，地位差距頗大，怎會是前者吸收後者？對照主流的刻版印象，判決書所講述的故事，確實有一種奇妙的違和感。

不過，到了二〇一〇年春天，從政治犯的網絡間傳回令人振奮的迴響：「盧燦圭還在世，住在屏東潮州的一間養老院。」

「啊，這樣算來……他九十七歲了！」

「九十七歲的老人，還記得任何事嗎？」

「即便記得，許多政治犯仍有戒心。他會對素昧平生的我們開口嗎？」

其實，盧燦圭的判決書跟筆錄，從來沒有出現黃溫恭的名字，遑論提到他「吸收黃溫恭」的情節。

根據筆錄，他住在路竹的竹西村：「路竹公學校畢業後，在岡山餅店當學徒，以後在岡山各餅店工作達十年。卅二年冬被徵至菲律賓做日海軍工員。光復後回國，卅六年十一月開餅店迄今。」然後，官方指控他在一九四七年八月，由我日後見過面的另一位政治犯，三民國校的體育老師黃朝林介紹參加地下組織，之後則：「吸收林老得、劉順興、柯天來、蘇來傳、楊井、葉安謙等六人入黨成立支部。任務如下：一、團結群眾準備歡迎解放軍。二、藉三七五減租，掩護深入農村宣傳。三、努力學習加深主義認識。四、吸收黨員，健全組織。」因此，官方總結他的「罪行」：路竹支部由盧燦圭負責，負責聯絡柯天來、楊井、蘇來傳、劉順興……。

盧燦圭的案件，在政治犯間俗稱「高雄案」，即為「地下黨高雄市工作委員會案」的縮寫。這個案件偵破的時間很早，在剛剛宣布戒嚴的一九四九年十月六日便破獲，與北臺灣的「光明報事件」差不多同時期。相較於其他政治案件，這個案件在一九五〇年代算是「輕判」——若判決書所述為真，吸收六人的盧燦圭，最終判十年而非槍決，在往後是難以想像的待遇。

另一位跟他同案的蔡國智，高雄肥料第三廠職員，官方指控他是「高雄肥料廠支部書記」。我在二〇一〇年訪問蔡國智老人時，他說，自臺灣大學畢業後，他前往該廠任職，確實邀請幾位工人參加組織。被捕那天，他的口袋還有兩名同事申請入黨的自傳。他趁上廁所之際，趕緊把自傳吞進口中吃掉。蔡國智老人喟嘆：「我們的案件……也許是『幸運』吧，破得早。不然，之後愈來愈重，『支部書記』不可能活下來的！」

這裡的「幸運」當然不是單純的「慶幸」，而是對無常的自嘲。案情輕微的人死了，看似活躍的卻活下來。蔡國智的哥哥，是在麻豆街上開診所的蔡國禮，卻在同樣時間點，以類似情節判處死刑。[12] 面對難以分說的差別際遇，除了「幸運」，也難有其他詞彙能涵蓋倖存後的百感交集。

回到盧燦圭身上。倘若，他已經承認吸收了六人，其中卻沒有黃溫恭的名字。那麼，黃溫恭被指控的情節，會不會只是國家的構陷？若兩人真無關係，那麼又該如何尋覓他的死因？想到這裡，似乎很容易陷入更焦慮、沒有盡頭的茫茫深海中。

即便浮現無數疑問，既然人還在世，就動身前往潮州吧！

在張旖容生疏的駕駛技術中，車輛搖搖晃晃，差點下錯交流道，最終勉強抵達屏東潮州的養老院。除了盧燦圭，這裡還住著另一位判刑十五年的一九五〇年代女性政治犯，許金玉。

我們先以電話跟盧燦圭先生約好時間。停好車，登記完身分，踏上通往二樓的樓梯前，我還在懷疑，一位高齡九十七歲的老人，會不會早就忘了前幾天以電話通知的邀約？他可能在睡午覺，並在惺忪中訝異問道：「拜訪我的陌生人是誰？」然後，對我們的提問一頭霧水，或是驚駭莫名。

我永遠記得踏入二樓時，映入眼簾的場景。

老人盧燦圭，安安靜靜地坐在房前的竹椅上。那是一條安安靜靜的走廊，走廊開著窗，採光很好，當天日光斜斜地照進走廊，溫暖卻不會顯得過於刺眼。他正坐於椅子上，側身看著窗外，身材壯碩，但早已禿去的額顱，卻又呈現非常柔和的線條。

我們慢慢走近，他沒有改變視線，只靜靜凝視著窗外。

我們來到他眼前，自我介紹。他有了反應，請我們坐下，於是張旖容、我、同行的夥伴，就在一片不安中，向盧燦圭老人說明來意。

張旖容拿出黃溫恭年輕時的大頭照，放到盧燦圭老人眼前：「這是我的祖父，黃溫恭，我想跟您請教他的事情。」

盧燦圭老人靜靜看著。

沉默了半晌後，盧燦圭老人的第一句話是：「他是我吸收參加的。」

空氣瞬間凝結。我們自問：「真的？他就直接告訴我們了？」

「被捕的時候，我保留了他的關係，我跟朱子慧根本沒提到他。一九五〇年朱子慧槍決，我十年，送去綠島服刑，我始終沒提到他的事情。」

「我很困惑，我們都沒有提到他，為什麼幾年後，他會搞出這些事，反而弄到被槍決？」

盧燦圭的語氣，有些惋惜，也有些微責備。意思似乎是——我們都冒風險保護了你們，你們何必出來「自首」，反而被國家盯上而殺害？甚至，更深一層的感嘆是：自首時若不小心，連我都會牽扯進去，讓刑場多添一條亡魂。

這不是假話。一九五〇年代白色恐怖中有太多情節是：被捕者保守祕密，但未曝光者卻在日後自首，導致保守祕密的人被判處死刑。我可以舉出一長串名單：許壽山、楊松齡、廖金照、張萬枝、吳難易、鄭崇岳……，還有好多好多人，都因為這樣的關係，從監獄送回刑場槍決。

盧燦圭老人開始緩緩訴說他的記憶。

「一開始，我去黃溫恭的診所看牙醫，他是醫生，我是病患。但是在言談之間，我感受到他對社會現況很不滿。於是，有時候看診，有時候路過，我就拿一些書籍，還有像《光明報》給他閱讀。我也跟他講述大陸上的戰況，跟他介紹解放後的制度。然後，我漸漸透露有這樣一個組織：有一群人，團結在一起，為推動新社會盡一分力。」

「後來，我介紹我的上級，三民國校的教員朱子慧來見他。他想看看黃溫恭的狀態，直接進行一些交流。我們約定好，朱子慧來的時候，我都稱他『吳先生』——這是化名，當時規則是只有『直的關係』，避免『橫的聯繫』。黃溫恭不需要知道他的真名。」

「朱子慧的學識高。談思想，談理論，都比我深刻。我很尊敬他。我對黃溫恭的印象是……，他熱情、激動，對光復後有很多不滿，所以想盡一些力。所以他很積極，自己也發展了一些人。不過，燕巢那邊的關係，也就是陳廷祥這些人，因為組織上避免『橫的聯繫』，我沒有過問。我負責路竹支部，路竹歸路竹、燕巢歸燕巢。至於黃溫恭的其他關係，就由朱子慧聯繫，我就不清楚了。」

「我跟朱子慧，被捕後都保留了他。包括他有參加，還有他有介紹人參加的事情，我們全都沒說，一個字都沒說。之後朱子慧被槍決，我去綠島坐牢。幾年後怎麼發生這麼多事情？我就真的不清楚。」

無論如何，那是一個永難忘懷的時刻。彷彿奇蹟一般，我們以為理應不在世的盧燦圭老人，還健康地活著，以極其平靜、清晰的語氣，告訴我們事件的關鍵環節。

藉由盧燦圭老人的見證，我們又釐清了一些圖像：一九四九年春天，盧燦圭確實邀請黃溫恭參加地下黨。破案時，在保密局、軍法處，他跟朱子慧在困境中以毋須排練的「完美默契」保密了黃溫恭的存在——好讓他與他的關係，永遠不被國家知曉。

不過，祕密終究曝光，變成致命裂縫。為何驟變？留待下文梳理。不幸中的大幸是，特務與軍法機構疏忽了，沒在一九五二年回頭追究盧燦圭筆錄的「不誠實」。此後，他們的命運岔開——黃溫恭通向刑場，而盧燦圭則在十年後回到久違的故鄉。

二〇一〇年，我們確認了判決書上「黃溫恭於卅八年初，在高雄縣路竹鄉，由業已被捕之判徒盧燦圭介紹參加匪黨組織」的關鍵情節。

二〇一六年，盧燦圭老人以一百零三歲高齡，安詳地離開世間。

至今，我還會偶爾想起二〇一〇年那個永恆時刻。盧燦圭老人彷佛早就知曉這趟「未來發生的旅程」。他好好保存記憶，有條理而清晰地記住每個環節。他平靜地呼吸、平靜地坐著，坐在走廊盡頭的竹椅，耐心等待，直到舊識的後裔來到眼前，以清晰的咬字告訴她：「妳祖父是跟我走上這條路。」

我們還有一個重大收獲——在黃溫恭的筆錄與自白書中，屢屢出現的「吳先生」，原來是化名，真實身分是國校老師朱子慧。

朱子慧，又是怎樣的一個人？

朱子慧

按照檔案記載：朱子慧是高雄人，一九四九年被捕時二十四歲。家有母親、妻子、五個弟弟、一個妹妹，筆錄上他特別自述狀況是「生活困難」。不過，他自小成績優異，在日本時代考進高雄中學，然後在一九四四年畢業後被日本人徵召去工廠做工一段時間。戰爭結束後，他返回故鄉，一直以小學教師為業。

除此之外，在現有的各種文獻中，對於朱子慧的紀錄十分稀少。

根據他被捕後的第一份口供，他在一九四七年七月參與地下黨的動機是：

（一），二二八事件時，因目擊軍隊槍殺人民感不滿；（二）對現政府施政不滿；（三）二二八事件以後，受葉崇培之宣傳及教育，並供給共黨書籍，因此思想偏激，便寫自傳參加共黨。特務繼續追問他：葉崇培去哪裡了？朱子慧簡短回答：「他現在已到香港去了。」[13]

相較於朱子慧，葉崇培的紀錄就豐富許多。他生在高雄苓雅，同樣就讀高雄中學，並在一九四四年便越級考上臺北高等學校。不過，因為他對於日本人相當反感，爾後遭到退學，返回高雄中學繼續讀書。戰爭末期，他則轉考進臺南師範學校。

戰後，他前往臺北，就讀新成立的延平學院，然後就在一九四七年春天參與從臺北市爆發的二二八抗爭。由於在事件中相當活躍，他事後遭到通緝，返回故鄉躲避，在風頭過後進入屏東中學擔任老師。在相當老邁之時，葉崇培在一次訪問中提到，日本投降時，他原本對國民黨政府期待很高，不過在二二八事件後他徹底失望，思想才轉向共黨。[14]

從眾多口述交織中，可以看見南返後的葉崇培，逐漸影響一群高屏青年對時局的看法，並且陸續引入一些青年加入地下組織。即便如此，早就被國家盯上的他，終究無法在故鄉立足。因此他在一九四九年四月六日逃離臺灣，前往香港。此後長期定居對岸，改名葉紀東，並在二〇〇〇年二月十一日結束他曲折的一生。這也就是朱子慧被捕時，他說葉崇培早就不在臺灣的原因。

讓我們回到朱子慧。我們大致可以掌握他接觸地下活動的時間。不過關於他戰後進入三民國校、獅甲國校當老師時，究竟如何參與組織生活呢？他在筆錄中提到：「我係負責高雄方面之工運、學運工作。」接著在組織已經曝光的情況下，他又說道：「我與陳澤民、李份三人，為高雄最高主腦機關，由我負責學、農運工作。」[15]這個組織稱為「高雄市工作委員會」，最高領導人是前面提過的陳澤民；而朱子慧則是委員，負責學運跟農運。

朱子慧在特務緊緊逼問下承認：「我下面領導七個支部。」同時補充：「只有盧燦圭一個支部完成。」七個支部分別是三民國校、旗津國校、苓洲國校、前鎮國校、高雄商業學校、路竹鄉、大湖鄉。

其中，與黃溫恭相關的自然是「路竹支部」的情節。朱子慧是這樣描述的：「路竹由盧燦圭負責，年約卅四、五歲，住路竹鄉，做餅為業，卅七年入黨。」而他提到的其他成員有「盧之下另有天來（姓不詳，業農）、長呵（姓不詳，做餅為業）、順興（姓不詳，做餅為業）等三人。」另外，盧燦圭曾經供述自己吸收一名林老得。朱子慧還補充——林老得負責大湖鄉的工作：「林年約卅四、五歲，現任大湖國校之教員。」[16] 而大湖鄉的活動目標是鄉公所——這是高雄縣範圍內最大的一個農業鄉鎮，掌握鄉公所，便有發展農民運動的潛力。

我們至此又爬梳出幾條資訊：一，做餅的盧燦圭，年紀雖長，卻是朱子慧眼中活動力最旺盛的一個成員；二，朱子慧雖然說路竹支部最完整、成員最多。但他與盧燦圭的供述，都完全避談黃溫恭、乃至於整個燕巢鄉組織。

那麼，除了這幾份冰冷的檔案，還有任何能幫助我們理解朱子慧的線索嗎？二〇〇九年，我在政治犯前輩的引介下，認識了同樣曾經服務於三民國校，並在一九五四年以「明知為匪諜而不告密檢舉」罪名判刑五年的陳德祥先生。[17]

「我的判決書上說的『知匪不報』的對象，指的就是朱子慧。」

「不過，朱子慧其實是我最好的朋友，還是我的救命恩人。」陳德祥一開場便這樣說。

陳德祥是福建莆田人，師範體系畢業後，他來到臺灣擔任小學教師，最初服務的機關便是高雄三民國校。他回憶，朱子慧當時跟他負責相同的班級，而朱子慧的新婚妻子則是另一班的級任導師。「雖然我來自福建，但我說的莆田話跟臺灣的語言還是不同。不過，當時朱子慧的北京話已經說得很好，因此，我們沒有一般本、外省老師間會有的語言隔閡。」由於年齡相近的關係，朱子慧就充當起帶著陳德祥認識高雄的導遊。有的時候，他們一同去西子灣，有的時候則搭火車去左營拜訪朋友。漸漸地他們感情愈來愈好，變得無話不談，自然也談起當時的社會狀況。

「我說朱子慧是我的救命恩人，第一個原因，就是他從頭到尾都沒有提到我的事。」一九四八年，兩人的交談愈來愈深入，朱子慧也感受到陳德祥在故鄉就是個左傾青年。「有一天他對我講起」，陳德祥說，朱子慧告訴他，經過這段時間的互動，他相信陳德祥多少也感受到他的思想，甚至他應該參加了什麼團體，他有一個稱為「臺灣民主自治同盟」的組織，也就是共產黨，想邀請陳德祥一起加入。

陳德祥說，他並沒有什麼猶豫就點頭了，還介紹另一位同鄉教師陳雙興加入。[18]當時，朱子慧常常利用校友身分，回高雄中學接觸自己的學弟們；而陳雙興則在左營中學當教師。於是，他們指導學生在校園辦壁報、油印刊物。有時候則邀請學生一起到西子灣的海邊戲水，並且在人煙比較稀少的地方，介紹一些有進步色彩的文學作品給學生。「我們的學生運動，針對的不是國小學生，而是高雄地區的中學生。」

「不過，一九四九年秋天，我病倒了。甚至我連我自己病倒都不知道。」當時臺灣的衛生狀況不好，瘧疾四起，不知不覺間，陳德祥也捲入這場瘟疫。「我都是事後聽陳雙興說才知道的。」當時，暑假剛結束，新的學期開始，三民國校的所有班級都來到操場準備開學典禮。在操場上，朱子慧跟在他的班級身邊，當他偶然張望好友的身影時，才發現陳德祥的班級雖然在場上，卻完全看不到陳德祥的身影。

「他知道我從來不遲到的。我們私下約碰面，我從不遲到，何況是教學的事情。」

加上陳德祥住在學校宿舍，也不可能是因為趕往學校的途中遇到意外而耽擱。

朱子慧愈想愈不對勁，於是開學典禮還沒結束，便跑去教師宿舍找陳德祥。「這也是陳雙興事後告訴我的。」朱子慧先是敲門，在門外呼喚陳德祥的名字。他敲了許多次門，始終沒有回應，他決定用身體立刻把門撞開。

撞開之後才發現，陳德祥因為罹患瘧疾，全身發燒，意識早就模糊，對於破門而入的巨響沒有任何反應。「朱子慧看我狀況不對，二話不說，立刻把我揹起來，直接衝往校門外的診所求助。」

這次昏迷，陳德祥大約過了一兩個月才恢復意識。當他睜開雙眼，並沒有看到朱子慧，而是看到憂心忡忡的陳雙興在一旁照顧他。陳德祥幾次問到：「朱子慧呢？」陳雙興說：「因為你不能教書了，他幫你代班，特別忙，因此沒辦法來看你。」即便如此，陳德祥每週的晚餐都有一鍋熱騰騰的鱸魚湯。陳雙興說：「朱子慧體貼，知道你身體需要復原，雖然不能看你，卻已經叮嚀好餐廳每週燒一鍋鱸魚湯給你喝。」

大約又過了兩個多月，等到陳德祥復原差不多後，有一天陳雙興面色凝重地坐在病房，開口說：「德祥，我要跟你說一件事情，無論你聽到什麼，都要冷靜聽我說，千萬不要激動。」陳雙興接著緩緩告訴他：「朱老師已經被捕了。」

至此，陳德祥才知道事情的完整經過。

那天，朱子慧揹他出校門後，找了四家診所，但所有診所都拒收。也不能完全怪這些診所，當時單身來臺的外省人很多，許多人病死後沒人處理後事，導致診所根本不知道怎麼辦，最後只能自掏腰包處理。因此，一聽到又是個無家無眷、罹患瘧疾、看起來已經去了半條命的外省老師，診所自然紛紛迴避。

「朱子慧拿出一筆錢，並且寫下一張憑據，說如果發生什麼意外，你的醫藥費他會全權負責處理。」同時，朱子慧將他託付給診所，回到學校教書，接手陳德祥班級的教學事務，爾後更提出轉到獅甲國校任教的申請。但是才沒過多久，一九四九年十月底，保密局就在另一名組織成員李份的家中，把朱子慧一併逮捕。

其實，在稍早之時，朱子慧就感覺到氣氛不對勁，因為組織裡的重要幹部在約定的聚會時間無故缺席。陳雙興告訴陳德祥：「當時朱子慧就來左營找我，跟我說，如果他被捕了，他絕對不會說出我們兩人。他要我好好照顧你，讓你安心養病，你康復前都不要告訴你他被捕的消息。」此外，朱子慧拿了一筆錢給陳雙興，要他繼續請餐廳每週煮一碗鱸魚湯。就這樣，即使朱子慧真的被捕後，陳雙興也按照約定，每天照顧陳德祥，並且奉上每週一碗鮮美的鱸魚湯。

陳德祥聽完消息後，內心百感交集，但也知道情況危急，兩人都必須要離開高雄。

此後，他們辭去在高雄的教職，轉往當時算是比較偏遠農村地帶的雲林。陳雙興來到雲林的麥寮國校教書，陳德祥則來到東勢國校教書。

一九五〇年十一月下旬，報紙上刊載斗大的標題，寫著朱子慧等等七名「高雄市工作委員會」的幹部已經在馬場町槍決。陳德祥知道消息後，在宿舍裡頭痛哭，他惋惜好友的死亡，但也清楚知道，朱子慧不但救了病倒在宿舍的他，而且還在被特務逮捕後完全保護了他與陳雙興。「他把我們變成祕密，然後用自己的死亡完全守住這個祕密。」

一直到數年後，特務繼續追查三民國校的嫌疑者時，另一位朱子慧沒有供出的教師莊水清，在訊問時提到一句：「我看過陳德祥的桌上有左傾書籍。」於是才導致陳德祥、陳雙興被捕。但是，兩人堅持否認參加任何組織，最後軍法官便以他們熟識朱子慧，並且知道他左傾卻沒舉發，以「知匪不報」罪名將兩人判刑五年。[19]

陳德祥聽我提到黃溫恭的事情後說：「我相信，朱子慧這些幹部，當時一定保留了許多事情沒有說出，然後選擇了犧牲自己。」

這很可能是實情。盧燦圭保留黃溫恭與燕巢鄉，朱子慧則保留了更多人。前面提到，被指控為「高雄市肥料工廠支部」書記的蔡國智通過吃掉自傳，保護了幾位同廠的工人。另一位被指控為「苓雅支部」書記的孫順地，同樣也保留了他底下的幾位成員如陳瑞庚等人。

實際上，地下黨的高雄市委會，是保密局最早破獲的案件之一，而當時特務所掌握的臺灣地下黨資訊還很有限。因此，一方面是客觀上的資訊不足，一方面是被捕者的主觀意志，最後導致被捕者的範圍縮小。

也就這樣，二〇〇九年的夏天，我才有機會從老人陳德祥的口中，彷彿看見青年教師朱子慧堅定而溫柔的臉部輪廓，也才更清楚黃溫恭口中的「吳先生」是怎樣的人。

陳廷祥、陳文彬

釐清了黃溫恭、盧燦圭、朱子慧的關聯，我們將目光轉向另外一端——陳廷祥。從判決資料來看，這條線，才是黃溫恭走向死亡之路的導火線。

第一次拜訪陳廷祥的家人，是在二〇〇九年的春天。接待我們的是陳廷祥的弟弟陳廷淵。少年時，他、哥哥、黃溫恭都是好友。當知道是黃溫恭的孫女來訪，他親切地道出塵封已久的記憶：「少年的時候，哥哥跟黃溫恭都讀臺南二中，兩人的關係非常好，形影不離。他們假日時常常一起出遊，我也就跟著一起去，走訪過很多地方。以前家裡還保留許多三個人的合照。」

「不過，他們被抓後，我就把那些照片都燒掉了。」

日後申請到的政治檔案，則為我們補充更多資訊細節。陳家是燕巢望族，在當地人丁興旺，不過陳廷祥的父親卻是務農維生。陳廷祥從燕巢國校畢業後，考進臺南二中，與路竹的黃溫恭成為同學。中學畢業後，他回燕巢國校教過書，也在鄉公所服務一段時間。光復後經濟變得惡劣，父親又在一九四六年五月過世，使他一度被迫返家照顧農事。稍微安頓後，他再回到鄉公所擔任總幹事（類似現在鄉長祕書）、民政課長。

黃溫恭離開臺南二中後，則輾轉前往日本、中國。離鄉六年間，他與陳廷祥斷了聯繫。黃溫恭在一九四六年八、九月返臺時，原本對「祖國」抱持許多期待，「不料，回臺看的一切都是失望的。」鄰近的岡山，日軍遺留的飛機場被貧窮的民眾入侵，把珍貴的飛機拆成一片片，做成臉盆出售。目睹亂象後，黃溫恭的心情「由失望而變黑暗」，甚至一度看破紅塵想當和尚，不想成家立業了。但是來自父親的壓力，讓他還是於一九四七年在路竹鄉中正路開設「見安齒科醫院」。隔年，經由媒人介紹，他與楊清蓮結婚，翌年生下長子黃大一。

晦暗的心情，沒有因為成家而緩解。回到路竹後，他常常拜訪昔日同窗陳廷祥。闊別六年，兩人都不再是無憂少年，一切人事已非，對於未來更是一片迷茫。

一九四七年春天的二二八，更將這股抑鬱推向高峰。隨著事件愈來愈烈，血腥與絕望的氣味，自北往南地衝向高雄。

對兩位青年來說，這場風暴還有另一層不同的後果：一位倖存者自臺北歸來，成為兩人命運的轉捩點。

歸人名叫陳文彬。他是陳廷祥的叔叔，也是建國中學前校長。

一九三一年，陳文彬從日本法政大學社會學科畢業。他學養優異，先後在上海復旦大學、日本法政大學任教，當時就已左傾，在上海時還差點被國民黨的情治機關逮捕。旅居東京時，他又被推舉為「臺灣同鄉會」會長，在海外臺人間饒富聲望。

戰後，陳文彬返臺，接任建國中學校長。他同時活躍於臺北的文化圈——一九四六年春天，他與教育處副處長宋斐如、參議員王添灯合辦《人民導報》，親自擔任總主筆。這份報紙邀請大量本、外省左翼人士參與：主筆是白克、蘇新、楊毅、黃榮燦；記者是吳克泰、周青、呂赫若等人。其中，本省的蘇新是「老臺共」、青年吳克泰則剛剛參與中共地下黨。外省的白克、黃榮燦，不但是早負盛名的外省文人，更參與對岸的左翼團體。

《人民導報》銳利、批判，很快成為民眾一吐怨氣的重要舞臺。二二八爆發時，《人民導報》正巧設址於臺北市北門外，鄰近第一現場，更成為迅速報導第一手消息給全臺民眾的重要媒介。《人民導報》是嚴詞批判行政長官公署處置的媒體、並積極倡導省政改革。因此，軍隊在三月初登陸後，行政長官公署不但勒令《人民導報》停刊，王添灯與宋斐如更遭祕密處決、蘇新逃亡海外，陳文彬則以內亂罪羈押五十多天，最後由范壽康保釋出獄。事件後，陳文彬不但去職，更在餘悸中黯然回鄉。

一九四七年五月後，陳文彬返回故鄉蟄伏，很少有紀錄寫到他這段時間的動向。

不過，檔案中卻有相關紀錄。劫後餘生後，陳文彬彷彿在政治上更下定決心，捨棄體制內改革的路線，開始在農業為主的故鄉談論臺灣要何去何從。他邀請一些鄉裡的青年與同代人，組成一個祕密讀書會。陳文彬帶來各種讀物——包括中共理論《新民主主義論》、雜誌《觀察》、及中國左翼作家趙樹理在一九四六年初次發表的小說《李家庄的變遷》——這是一部談論農村中階級壓迫的作品，探討受苦的農民們最終如何掙脫枷鎖、改變自身命運。

聚會的人們，大多是燕巢鄉中生代、新生代的知識分子，許多人當時擔任鄉里的公職。除了在公所服務的陳廷祥，還有在農會信用部的主任陳清祈、農會總幹事陳萬琳、鄉公所地政幹事許土龍、及日後選上高雄市議員的陳萬壽。

苦悶的黃溫恭，也在拜訪陳廷祥的過程中，聽聞這個神祕的「讀書會」，並漸漸成為聚會的固定班底。

不過，讀書會沒有維持太久。一九四七年十月，友人寫信給陳文彬，告訴他新來的省主席魏道明較為開明，不再追究二二八，因此邀請他北返擔任「臺灣省通志館」編審。

一九四八年五月，陳文彬覺得臺灣省政依舊無望。他祕密離開臺灣，從香港輾轉前往北京、天津。此後，他一直留在對岸，在「新中國」擔任過全國政協委員等職務，未再歸鄉，於一九八二年病逝北京。

回頭談談這個「讀書會」。這個聚會，其實與臺灣地下黨沒有任何關係，可以視為一個失望文人在二二八後的自發行動。不過，對於黃溫恭、陳廷祥、還有參與聚會的燕巢人來說，這個聚會卻是播下左傾種子的開端。

幾年後，等到朱子慧、盧燦圭在一九四九年來到燕巢時，接受他們邀請函的人們，全都是參與過這個讀書會的燕巢人。

一九四八年，黃溫恭先是在路竹的診所結識餅店師傅盧燦圭。此後，盧燦圭說的話、拿來的報紙與小冊子、提到的論點，無一不讓黃溫恭想起一九四七年夏天「讀書會」中陳文彬提到的論點。

一九四九年，黃溫恭「宣誓」參加地下黨，並在路竹吸收了在他父親漢藥店工作的黃金清、馬玉堂。

他稍後想到，這一次，可以換他來邀請陳廷祥加入隊伍了。

一九四九年某日，陳廷祥點頭答應。之後，黃溫恭帶著盧燦圭、「吳先生」來到燕巢的陳廷祥住所。在客廳裡，陳廷祥也「宣誓」加入地下組織。

爾後，在燕巢播種的任務就交給陳廷祥。他陸續拜訪了「讀書會」成員許土龍、陳清祈，並且把他們一一介紹給朱子慧。「燕巢支部」成立後，最年輕卻也最先參加的陳廷祥，成為燕巢支部的負責人。

燕巢的參與者開始閱讀著朱子慧帶來的《光明報》、《新大陸》、《中共黨史》等讀物，並謹慎地傳給一九四七年「讀書會」的其他成員。

根據檔案中勾勒的事件輪廓，可以看見整個燕巢支部的推動，彷彿是幾年前陳文彬帶著大家閱讀的《李家庄的變遷》的翻版，成為一個以推動「農民減租」為職志的團體。支部成員年紀偏高，剛滿三十歲的陳廷祥最年輕，許土龍、陳清祈則是四十六歲、三十九歲的中年人。他們在鄉公所、農會任職，是鄉鎮政治中堅，更在一九四九年春天被省政府賦予推動「三七五減租」的政策目標。

一九四九年春夏，剛剛推動三七五減租時，許多鄉鎮都遭遇困難。很多地主不滿政府強硬規定「強制減租」，常以或明或暗的方式阻擾，導致佃農疑懼而躊躇不前。燕巢支部的成員們，便以鄉公所、農會職員的「合法身分」，四處協助落實「減租」，藉此改善佃農生活。

當三七五減租落實後，他們再對農民私下提出一個尖銳問題：倘若田裡的一切勞動都由農民承擔，地主卻依然不事生產。那麼即便實施三七五，地主仍可以靠土地所有權就不勞而獲，那算得上是真正公平的制度嗎？他們小心翼翼地介紹對岸的《土地法》，說明「不勞動，不得食」才稱得上是農民翻身、人人平等的新社會。

從地下黨的觀點來說，黃溫恭雖然是陳廷祥的「引路人」，但在辦完「宣誓」的那一天，他們的關係就得要分得清清楚楚。

黃溫恭，屬於盧燦圭領導的「路竹支部」。書記是盧燦圭，直接跟在三民國校教書的「吳先生」聯繫。

陳廷祥，身為「燕巢支部」的負責人，成員有許土龍、陳清祈等人。由陳廷祥直接對「吳先生」聯繫。

按照地下黨關係規定，成員不能有「橫」的關係。因此，無論年少時多麼要好，當一起走上這條路後，黃溫恭就要避免前往燕巢，更不要去刺探燕巢鄉的活動情形。這條「岔路」卻成為幾年後，黃溫恭被判死刑的關鍵。

正當路竹、燕巢各自發展時，沒過幾個月，情勢卻變得撲朔迷離。「吳先生」在一九四九秋冬之交消失了。此後，餅店的盧燦圭也傳出被捕的消息。雖然逮捕的浪潮還未撲向黃溫恭，一時間「新社會」的願景卻變得迷濛，山雨欲來的氣氛在北高雄的農村間瀰漫。

逃亡、自首、死亡

一九四九年秋天，保密局先逮捕高雄的工運負責人李份。爾後，通過李份的筆錄，在他家中逮捕準備前來聚會的朱子慧，還有在屏東推動農運的潮州中學老師劉特慎。最後，連統籌高屏活動的地下黨副書記陳澤民也被捕了。

一時間，高雄人心惶惶，包括水泥廠、機械廠、鐵路機廠、肥料廠、鹼廠、鋁廠、碼頭、三民國校、旗津國校、苓洲國校、前鎮國校、高雄商業學校、路竹鄉、大湖鄉……都傳來有人被捕的消息。

朱子慧被捕後，黃溫恭曾經有過這樣的日子。

他把陳澤民的妻子送往黃金清住家後面的草寮藏起來。這位外省婦女對臺灣人生地不熟，又成為通緝對象。黃金清說：「我們在報紙上看到她丈夫被捕的消息。她很害怕，我們也很害怕。」

黃溫恭也曾因為過度疑懼，深怕盧燦圭終究說出了什麼。漸漸的，他不敢住在家中，也不敢住在診所。他跑進一望無際的甘蔗田躲藏，忍受蚊蟲的叮咬，徹夜躲在蔗田未歸，深怕一但回家就要成為階下囚。

不過，一直離家也不是辦法。

黃溫恭已經有了長子，長女也相繼誕生。如此一來，面對嗷嗷待哺的小生命，他在甘蔗田逃亡的日子，也就不能永無止盡。

一九五〇年年三月，恐懼深感路竹不再是能安居的地方。他搬往深山裡面的春日鄉，這裡是排灣族部落。他擔任鄉公所衛生所主任，妻子清蓮則擔任春日國校的教師。

一九五〇年十一月十九日，朱子慧等人的案件定讞。

當天清晨六點，朱子慧與同案的六人，送往新店溪畔的馬場町槍決，得年二十五歲。

當天中午，盧燦圭獲知判刑十年。羈押一段時間後，在一九五一年送往火燒島服刑。

隔天，報紙就刊出朱子慧等人遭槍決，「高雄市委會」瓦解的新聞。

數天後，黃溫恭很可能就在報紙上讀到，或從故鄉傳來了這則消息。

當然，就像前面所說，「高雄案」破得早，特務當時對臺灣地下黨瞭解有限。加上許多幹部努力降低破壞，因此檔案中的記載誠如盧燦圭所述——包括黃溫恭與他吸收的路竹人、及整個燕巢支部，都在朱子慧、盧燦圭的努力下避免於曝光的命運。

即便如此，肅殺還是震撼了每一個沒有曝光的成員。

全臺灣各地的案件，接連不斷。每一次槍決過後，報紙的頭版就會出現斗大的標題，彷彿對他說著：這也是你接下來的命運。

終於，黃溫恭開始思考報紙上宣稱的「自首」辦法。

自首制度是什麼？簡單說，你要主動前往政府機關——警局、調查站、黨部，「坦承」隱瞞的一切事情，掏出心裡所有的祕密，攤在國家的眼前。你還要承認「錯誤」，承認過去的自己有錯誤的思想、錯誤的信念，因此導致錯誤的人際關係與行動。你知道錯了，你深深後悔了，你通過表白一切，並且把其他隱藏的人事物全部暴露出來，先主動殺死了過去「走錯路」的自己，以爭取國家首肯，換取能成為一個「全新」的人的機會。

自首嗎？可以嗎？可信嗎？這意味著要把朱子慧、盧燦圭沒有提及的所有祕密，全部掏出來，交給國家的情治機關。

為了這件事情，黃溫恭先找上在路竹的黃金清、馬玉堂，私下討論起「自首」的共識。在恐懼的氛圍下，三人很快就達成一起自首的協議。

可是，燕巢鄉呢？他的好友陳廷祥又有什麼看法？

自從一九四九年介紹陳廷祥參加後，為了避免衍生「橫的關係」，黃溫恭就減少與陳廷祥的聯繫。他沒有想到的是，比起路竹這邊，隨著領導人盧燦圭被捕而陷入人心惶惶；燕巢支部的鬥志卻仍高昂，相信著時局終究會改變，因此在與「吳先生」斷了聯繫後，仍潛伏而自發地繼續活動著。

例如，一九五一年二月十五日，當時燕巢支部的成員已經涵蓋了一九四七年「讀書會」的絕大多數成員——陳廷祥、陳萬壽、陳清祈、陳廷銓、陳萬琳、蕭明發。在他們共同參與下，又吸收了鄉裡的謝龍飛參與地下組織。一九五一年五月，許土龍又介紹了吳清興。此外，鄉里依然有不少農民，聽過他們私下宣傳「新政府」的《土地法》，會比眼前島上實行的版本更好。

黃溫恭找上陳廷祥，向他詢問一起自首的想法。

這次的會談並不順利。陳廷祥表示，他不相信政府的說詞，也不認為有必要帶著整個燕巢支部一起曝光。

於是，在協議彼此保守祕密後，黃溫恭在一九五一年十一月二十日，偕同黃金清、馬玉堂一起到國民黨屏東縣黨部自首，之後領到了編號「審字〇四三八號」的自首證。

此後，黃溫恭受到列管，繼續回春日鄉擔任衛生所主任。

不過，根據他的孫女在多年前，採訪當年春日鄉衛生所的排灣族護理長口述得知，黃溫恭在自首後依舊相當恐懼。他深感不安——也許是他清楚還有一部分的祕密沒有攤在國家眼前，隨時會有被追究的風險。

於是，他在春日鄉的最後一段日子，也不常在衛生所分配的宿舍過夜。他反而睡在雞舍附近的一間草寮。同時，他不准任何人靠近。

「他似乎還藏匿了某個人，他在保護這個人」，老護理長這樣說道。

時至今日，我們已經無法確知黃溫恭當時為何睡在草寮，草寮裡頭是不是還藏著別人？若有，那個人究竟是誰？

但客觀上來說，黃溫恭的恐懼，並不是毫無根據。

一九五一年十月，許土龍吸收沈戊信、陳命宜。

一九五二年一月，許土龍吸收許紹然。

一九五二年七月，許土龍吸收吳萬、蕭辛溪。

一九五二年九月，燕巢鄉不斷高築的祕密終於裂縫了。有農民因為害怕而「自首」，坦承燕巢鄉還有左翼的地下活動。接著，呂碧全在九月十五日被捕；許土龍在九月十七日被捕，然後像潰堤的水壩一樣，蕭福霖、蕭明發、陳清祈、陳廷祥、陳廷銓、陳萬壽、陳萬琳、謝龍飛等人，在九月二十日陸續被捕。

「誰介紹你認識盧燦圭、朱子慧？」

當陳廷祥被迫回答這個問題時，也代表著黃溫恭的夢魘，就此化為現實。

黃溫恭在九月二十三日被捕。面對彷彿灑了一地的祕密，他已無從遮掩與陳廷祥的關係——對黃溫恭來說，他決定自首時，無論就個人態度或組織關係來說，他有資格帶著「路竹支部」下的小組成員一起進退。但燕巢終究是燕巢的事情，關於「燕巢支部」的一切，他既不瞭解，也無權介入。

因此，死神套在他咽喉上的繩索，只寫著一個問句——一九五一年自首時，為什麼沒有跟國家坦承陳廷祥的存在？

按照國家的邏輯，無論是基於朋友的私誼，或是基於組織關係的尊重，這就叫作「自首不誠」，表示對於國家並沒有真正掏心掏肺，也就沒有打算在國家面前低頭成為一個「全新的人」。

在檔案中，黃溫恭一遍又一遍寫著、一遍又一遍回答著特務的提問。從日本時代的經歷、自中國東北回臺灣時的沮喪、與盧燦圭跟朱子慧的對話、到參與路竹支部後的狀況……，這一切情節，都是黃溫恭在一九五一年自首時書寫過的。但唯一缺漏的情節——介紹陳廷祥認識朱子慧、盧燦圭，成為致命的阿基里斯腱，讓所有先前的情節都被打上問號。他一次又一次辯駁，但眼下已經失去成為一個「全新的人」的資格了。

一九五二年十二月一日，在煎熬的地獄中，他收到妻子生下第三胎的消息。這是喜？是悲？他說自己在獄中感受到了愛的存在。但另一方面，他可能也深深憂慮著，若無法從劫難中倖存，未來妻子與三個稚子該如何存活？

一九五三年一月二十二日，保安司令部軍法處的軍法官，以黃溫恭「自首不誠」，判處十五年有期徒刑。

一九五三年，軍法處往國防部、總統府核覆判決的過程中，國防部向總統府表示「陳廷祥與黃溫恭兩名，均有為匪工作之事實，但黃曾據自首……」、「但當時未據將陳廷祥之組織關係交出。」

一九五三年五月十四，蔣介石在閱讀上呈公文後，以毛筆字寫下：「黃溫恭死刑，餘如擬」，並蓋上寫著「蔣中正印」的朱印。

一九五三年五月二十日，判決書修改後，黃溫恭、陳廷祥同日執行槍決，仆倒於川端橋（今日臺北市中正橋）南側刑場，分別享年三十三、三十四歲。

臨刑前，黃溫恭寫下五封、共二十一頁、六千四百九十七字的遺書。遺書稍後被國家沒收，家人全然不曉。

黃溫恭槍決後，家人收到通知的時間已遲，於是黃溫恭被送往臺北市六張犁的墓區埋葬。數年後，家人才到六張犁幫黃溫恭撿骨。

許土龍、陳清祈原判十年。但隨著燕巢支部崩潰後，愈來愈多恐懼的農民出面自首，指認兩人曾經帶著大家討論，或吸收自己參加組織。

一九五四年十二月十日，許土龍、陳清祈也於刑場槍決。

一九五八年，黃溫恭妻子清蓮突然收到通知，前往路竹分駐所，拿回黃溫恭的一本日記。

一九八一年二月二十七日，孫女張旖容出生。

二〇〇八年十一月十日，張旖容偶然發現國家檔案中塵封的黃溫恭遺書。

之後，我們開啟了這段追尋黃溫恭的旅程。

尾聲

作為一個與黃溫恭毫無血緣關係的人，我，只是一個偶然捲入其中，然後陪著他的孫女踏上追尋旅程的協力者。

如果問我，在這段旅程，或是在追尋更多死難者足跡的旅程中，關於臺灣那段長達四十年左右的白色恐怖，究竟在其中看到、聽見、感受到什麼？

在二〇二三年，當我準備結束這段文字時，又傳來兩位熟悉的政治犯前輩辭世的消息。想起他們的面孔、想起他們與我或其他青年的互動，我會說，在這快二十年的日子中，我看見關於政治暴力下「傷」的形狀。

從二〇〇九年開啟這段旅程，到二〇一一年七月十五日黃溫恭的遺書返回黃家，再到二〇二三年的當下，至少對於張旖容來說，我會形容這是一段關於「政治暴力」的「出櫃」之旅。

早在我們拜訪盧燦圭的時候，張旖容通過他的見證，已經清楚認識到，自己的祖父正如判決書上記載，當年是有「某些行動」的。不過，如何去理解將近一甲子前，一位臺籍青年加入共產黨的選擇？在當時並不是容易的事。在很多的公開分享中，我們聽到對反省政治暴力充滿「善意」的朋友們尖銳地指控——他們當時被騙了、他們當時根本不懂政治，甚至略帶惡意地說「因為他們心中沒有臺灣主體性」。

很多時候，當人們心中有真誠的渴望時，便會希望眾人能與「我們」的立場一致。而這種關懷與理想愈炙熱時，哪怕這些理想最初充滿著多少「善意」，也會因為過度執著，讓追尋理想的人成為了暴君，阻斷了理解不同時空中人們做出不同選擇的脈絡。

這些年裡，張旖容雖然大量公開談自己祖父的遺書，甚至寫下追尋祖父的旅程側記。但是她，甚至她與家人之間，我看到有許多「說不出」或「無法說」的時刻。例如，私下相處的時候，她很清楚表示，祖父當年參與地下黨。但只要是公開書寫或分享，她就有意識或下意識地迴避這個事實。

我問為什麼？她說：「我不知道要怎麼講。」

即使在一九九八年開始補償白色恐怖受難者、遺書在二〇一一年返還家屬，但我意識到，即使對於追尋黃溫恭最執著的孫女來說，還是有太多感覺，無法在十年後找到訴說的語言形式。

這種失語，不只發生在她身上，也包括她自己提到的家庭關係，甚至是其他政治犯身上。

張旖容追尋祖父身影的行動，在當時，讓許多第一代政治犯相當感動。因此，她也與其中一些前輩建立起深厚友誼。

其中一位，是許多人都很熟悉的政治犯蔡焜霖。

張旖容結婚後長期定居英國，偶爾才回到臺灣。每次返臺，我就勸她要多跟自己珍惜的長輩見面。

有一次，張旖容返回英國前一天，我、她與蔡焜霖先生，約在臺北市西本願寺的一間日式茶屋裡頭聊天。當天準備結束前，知道我們還在追尋黃溫恭生前軌跡的蔡焜霖，似乎感受到張旖容的焦慮，突然主動說了這樣一段話：「關於臺灣省工作委員會，我，頂多只能說是末班車，接觸的時間很短暫，但是不能說我沒有參加吧……。那段時間，好多年輕人都參加了這個組織，很普遍，……我想告訴你，你祖父做的不是壞事。」

張旖容只簡短回答：「我知道。」

而對於在旁邊聆聽的我來說，我很清楚，蔡焜霖觀察到張旖容心中的艱難是什麼。我也清楚，當說這些話時，顯得緊繃而有點發抖的蔡先生，他心中的艱難又是什麼。

這不是一個人、一個家庭，或是只是少部分人才面對的艱難。對於歷經四十年政治暴力的臺灣社會來說，這些艱難，其實是一種集體的、卻隱而未現而少被察覺的課題。

遺書歸還十年後，有一天，我跟張旖容說：「十年過去了，妳也該對祖父的事情出櫃了吧。」對於一度自我認同為女同志／雙性戀的她來說，放在政治暴力的家族脈絡中，她很清楚知道，我指的其實是什麼。

「妳是最先發現遺書的家屬。妳都能好好談了，那麼，就可以鼓勵更多人坦然一些，在許多猶豫與疑懼中前進一點。」

「我答應，我會陪妳寫。」

於是，在這段旅程即將告一段落的時刻，我也再次以旁觀者的身分出發，其實是陪著在「失語」中艱難前進的她，寫下當年一起拜訪呂碧全、黃金清、盧燦圭、陳德祥、陳廷淵……，乃至於與更多、更多前輩的相遇，最後勉強拼湊出黃溫恭更清晰臉孔的一段旅程。

一九五〇年的肅殺，至今已經是七十多年前的事情。最後倖存的一代親歷者，也終將一一凋落，最後成為文字或影像中的追憶。

不過，我會想起某年某月的某一天，張旖容告訴我，她要結婚了，而且希望帶著她的英國夫婿到六張犁、馬場町拍照。她希望我協助拍攝婚紗。

許多照片中，她站在祖父曾經埋骨的墓區，與夫婿牽手著。她穿著白紗，腳下依舊踏著那雙大刺刺而沾滿塵土的布鞋，旁邊全是小小的墓碑。我很清楚，她為什麼選在這裡拍照。張旖容的意思是：她要讓祖父那一代的難友知道，也許你們沒有後代，也許你們的家庭也遭遇了淒慘的命運。不過，政治暴力仍然無法阻斷生命的延續，黃溫恭的後代，依舊枝繁葉茂，依舊在新的季節綻放枝枒。

幾年後，黃溫恭的曾孫「小起司」出生。

是的，七十年過去了，大地上依然綻放出新的枝枒。

注釋

1 見《黃溫恭等叛亂案》，檔號A305440000C/0044/276.11/17。

2 蘇藝林，河北人，國防部第三廳第一組中校參謀，一九五〇年夏天案發，一九五一年六月二十九日槍決，享年三十三歲。見《蘇藝林案》，檔號AA11010000F/0038/FA1.1/00001。其在對岸的妻子，也因被指為「國特」而遭批鬥，最後自我了斷。

3 見《張添丁等案》，檔號A305440000C/0040/273.4/251。

4 離休，是中國特有的人事制度與社會保障措施，對於「建國前參加中國共產黨所領導的革命戰爭，脫產享受供給制度待遇的和從事地下革命工作的老幹部」退出工作崗位後，享有原薪與相應的政治、醫療待遇。

5 見《黃溫恭等叛亂案》，檔號A305440000C/0044/276.11/17。

6 見《鍾浩東等》，檔號A305440000C/0039/273.4/481。

7 徐懋德，江蘇人，一九四七年二二八事件後從上海與妻子調來臺灣，協助地下黨活動，一九五〇年春天逃出臺灣。原本是地下黨直屬蔡孝乾的重要幹部，領導學生工作委員會、臺北市工作委員會等部分組織，且一度領導蘭陽市委會與基隆市委會，並參與《光明報》的三人編輯小組等工作。他在臺灣有多個化名，其中最被人知道的是領導「學委會」時使用的「李潔」，許多學生則暱稱他為「外省李」。徐懋德與陳仲豪都清楚指出：《光明報》的編輯並非在基隆中學校內，而是在八堵的一處隱匿據點，這與許多人謠傳由校長鍾浩東在校內編輯的說法不同。徐懋德也指出：當時鍾浩東的任務是發展基隆全區的地下組織，亦即建立「基隆市工作委員會」，因此根本無暇也不應涉入省委的文宣部門的活動。

8 陳仲豪，廣東揭陽人。戰後來臺，於基隆中學任教，領導基隆中學支部相關活動，並參與《光明報》的三人編輯小組。在一九四九年十月逃離臺灣。

9 林英傑，祖籍廣東，父親移居泰國，出生於泰國曼谷，一九四六年來臺後即參與「臺灣省工作委員會」活動，其中包括參與《光明報》的三人編輯小組。一九五〇年春天被捕，一九五〇年七月二十一日槍決，享年三十八歲。

10 原為組織部長。

11 見《劉特慎等叛亂案》，檔號A305440000C/0040/273.4/43。

12 見《謝瑞仁等叛亂案》，檔號B3750347701/0039/3132023/23。

13 見《劉特慎等叛亂案》，檔號A305440000C/0040/273.4/43。

14 見藍博洲，〈從高雄苓雅寮到北京——延平大學學生領袖葉紀東的腳蹤〉，收錄於《沉屍．流亡．二二八》（臺北市：時報文化，一九九一）。

15 李份，高雄人，工人出身，年紀較長，被捕時在高雄市義合興鐵工廠擔任職員，並籌組高雄市鐵器工人工會，並於地下組織中擔任高雄市委會委員，負責各工廠與碼頭工人的組織工作。一九四九年秋天，保密局先逮捕李份的下線，進而逮捕李份，再問出高雄市委會的聚會時間，並於該日埋伏而逮捕朱子慧。此外，高雄市委會下還有另一名負責發展屏東地區農民運動的劉特慎，當時為潮州中學教員，也同案判處死刑。見《劉特慎等叛亂案》。

16 比較完整的筆錄內容是：「（一）三民學校：該校由孫順地負責，孫係高雄市苓雅寮下寮人，現住高雄第一商業營行左營辦事處……；（二）旗津學校：由連約安負責，連係廿三、四歲，住高雄前鎮高雄造船廠後面，現係鹽埕國校之教員……；（三）：苓洲國校：由陳金柱負責，陳約廿四、五歲，住苓雅寮過甜子，現充苓洲國校之教員……；（四）前鎮學校方面：由黃朝林負責，黃廿六歲，……原係該校之教員，現已解聘；（五）路竹方面由盧燦圭負責，年約卅四、五歲，住路竹鄉，做餅為業……；（六）大湖方面：由林老得負責，林年約卅四、五歲，現任大湖國校之教員，住該校宿舍內，卅八年五月由盧燦圭介紹參加共黨……；（七）商業學校由林正忠負責，林年約廿七歲，住苓雅區……。」見《劉特慎等叛亂案》。

17 見《莊水清等叛亂案》，檔號A305440000C/0045/276.11/9122.35。

18 陳雙興，是陳德祥來臺灣前的同學，當時在左營的高雄市立第一初級中學教書。爾後朱子慧被捕，與陳德祥雙雙辭職前往雲林任教，躲避風暴。最後仍於一九五四年十二月二十日判刑五年。我訪談陳德祥時，陳雙興已辭世。

19 見《莊水清等叛亂案》。

後記——於我之後

張旖容

從我開始動筆寫下首章到如今出版，又是五年過去。比我預期多了數倍時間，但總算完成了。幾年期間，我兒小起司也從學步中的嬰幼兒成長為學齡兒童，他是個很快樂、好相處也很有安全感的孩子。透過和他的相處，我更加確認自己有能力成為和媽媽不一樣的媽媽。

舉例來說，小起司從來就不喜歡睡覺時關著房門，他會要求讓門開著。而我則是自從在睡夢中被掃把打醒過之後，就再也無法在家裡不鎖門睡覺了。在睡覺這種毫無防備的狀態下被攻擊，安全感會在一夕間被瓦解。小起司從未被這麼對待過，我們也絕不會對他這麼做。

養育小孩的過程中，讓我知道自己有能力去愛他。

我可以自在地給他我想給他的愛，不需要偽裝或遮遮掩掩。小起司完全知道我愛他，他不需要去證明自己有資格被愛，我把他生出來所以我愛他！事情就是這麼簡單。曾經沒有得到，不代表我沒有能力給予。看著小起司，我知道我有能力給。生命旅程中可以和伴侶一起共同生養他，用我們想要對待他的方式，陪著他一天天、一年年長大，是很美好的歷程。

和伴侶相識相戀，共同生活超過十年。我依舊從他的眼中看見滿滿的愛，謝謝他在這漫長寫作過程中所給予的一切支援。不論我想做什麼，他總是我的頭號支持者。因為有他，我成就更好的自己。得君如此，夫復何求？

這本書能夠完成，要感謝一路協助我的友人：謝謝葉欣怡和洪正怡幫助我尋找史料，謝謝羅毓嘉、吳曉樂和胡淑雯在初稿階段就給我珍貴的回饋和寫作建議。謝謝彭仁郁老師對於第六章創傷的代間傳遞提供見解和審定。謝謝我的諮商師陪我去理清那一段我難以獨力回溯的記憶。最後要感謝的是本書編輯莊瑞琳和莊舒晴，沒有你們這本書不會是現在的面貌。

後記——傷痕如一條綿延的伏流

林傳凱

這本書終於完成了。

從十多年前接觸這段歷史至今，轉眼間，第一代政治犯幾近凋零，臺灣社會相關的書寫也愈來愈多。這本書也許是一種「新文類」的開端，由當事者的第三代作為寫作者，書寫逝去的先人，也描繪包括自己在內的後繼者的狀態。

雖然我跟張旖容共同列名作者，但我跟他的位置其實有些本質性的差異。我比較像是一個「輔助者」或「旁觀者」。輔助的意思是，幫忙訪談、分析檔案、找尋線索。旁觀則是抽離於這個家族「外」的位置，觀察本書誕生以前，遺族之間的互動狀態。

我並不是說我的位置是「中性」的，我也不是對於那些囚禁、死亡、無法告別並未產生任何情緒感受。我的意思只是：我沒有陷入這個充滿歪斜的家庭關係中。

所謂的「歪斜」是什麼？我想到一些意象：Tao族傳說，死去的人們會變成帶來厄運的惡靈（anito），不再是生前的那個人。當你呼喚他生前的名字，他就立刻來到你的身邊帶來厄運。或是《哈利波特》中的佛地魔，你只能用「那個人」（you-know-who）來隱諱代稱。在每個歷經白色恐怖，尤其是有人為之死去的家庭中，經常存在一個明明也曾生活在這個「家」裡面，卻不能提起的「那個人」。

在這樣的家庭中成長，會是什麼樣子？包括張旖容的書寫，或是她書寫過程中的狀態，都已經為我們部分記錄了其中一些可能。

實際上，黃溫恭在家中不是「缺席」，而是「不曾存在」。「缺席」是指你認識這個人，但他因故沒出現在原本該出現的位置上。而「不曾存在」則是對於第三代、甚至第二代來說，至少在他們出生後，這個人一開始就不存在，沒有任何的蹤跡與互動，家庭內部也絕口不提關於他的過往。

如何在一個人消失後半世紀「記得」他，並且「體會」彼此間的親屬關係？對於第二、三代來說，不是容易的事情。也許對於第二代的春蘭阿姨來說，是遺書回到眼前的那一刻，「我第一次感覺到父親好像是愛我的。」而對於第三代的張旖容來說，又會進一步意識到，這種「不存在」還會以一種負面的方式不斷在家族的世代間發揮影響力。

黃溫恭被槍決後，不曾跟孩子提起父親的清蓮，不悲傷、不思念嗎？她能理解黃溫恭的一切選擇嗎？她能理解他為何入黨嗎？她能理解他為何自首，卻又保留一些祕密嗎？她會不會覺得黃溫恭做出政治決定的時候，從來沒有思考過母子的處境而有埋怨？半世紀過去後，她還愛他嗎？還是已經逐漸忘記他？在這個家庭裡面，第一代的遺孀與第二代間，從來不曾談論這些話題。

取而代之的是許多政治犯遺孀常見的選擇——封閉自己複雜的情緒，代替「消失」的父親，變成嚴厲監督孩子們上進的「父母合一」的角色。

常聽到一種說法：縱使有千百萬個不好，過去的聯考制度，是少數能保證政治犯後代能不受家庭背景影響、「公平競爭」的制度。於是，分數、聯考、第一志願、醫學院……，成為許多遺孀與第二代間最常見的語言模組。

同時缺席的，還有一種關於「情緒」的語言。

在張旖容的身上明確存在著這件事情的影響。我認識張旖容這麼多年，她雖然對於追尋祖父的事情很執著，但要她說明「為什麼？」——或更精準的問題是「妳的感受是什麼？」，她就會陷入失語狀態。說不出口，不是「願不願意說」的問題，而是「沒有能力說」的問題。這次的寫作計畫，是我們找到黃溫恭遺書十年後的事，我「逼」著她必須去正視自己情緒表達的匱乏。張旖容對於祖父的遭遇，還有為此導致這個家庭歪斜而構築出的成長環境，累積了許多複雜情緒，但是她總是無法描述出來。每次我問：「妳感覺到什麼？」她總是有些不知所措地說：「我不知道怎麼講。」

所以，這本書雖然寫的是黃溫恭，但其實也是一個第三代艱苦地面對自我與嘗試療癒的旅程。包括張旖容追尋阿公，還有自己成為母親後，愈來愈清楚意識到自己童年與青年時不愉快的經驗，她甚至開始諮商，也開始去尋找複雜情緒的根源，最終指向了親子關係。我的觀察是：她的成長過程中有許多挫折與無助，無論是想被誇獎，或是想要出櫃與被接受。她期望母親接受她，但母親同樣是在一個因為政治暴力而導致成長環境中缺乏鼓勵、情緒表達，而只有「成績至上」的語言所籠罩的環境中成長。這導致第二代與第三代間，既緊密地影響彼此，又缺乏一種交換情緒感受與支持的緊張狀態。

這本書快完成時的一次在電話中，我又跟張旖容聊起這件事。她說生了孩子後才清楚意識到，她必須要改變，不能讓孩子再用像她一樣的方式不快樂地長大。於是，這次面對黃溫恭的旅程，她不只是面對過去的逝者，也是面對正在呼吸的自己，以及剛剛來到世間的第四代。

至於第三代與第二代間「缺乏語言」的狀態能否改變？我不知道，也許並沒有太多改變。至少在我看到有愈來愈多第三代試著追尋第一代的旅程中，都遇到跟第二代的衝突、摩擦、疏離、無法溝通、想擁抱卻又總是刺傷彼此的狀態。從這點來說，這本書也許真的是一種「新文類」的開端。當愈來愈多第三代嘗試寫第一代、寫自己、也寫自己與第二代間的複雜糾葛，我們會愈來愈清楚那四十年間的政治暴力，究竟給這些家庭留下了什麼樣的傷痕。

延伸閱讀——相關政治檔案

林傳凱

要追尋黃溫恭的足跡，或那個年代任何一位政治犯的軌跡，常常需要閱讀許多紛雜而殘破的紀錄。其中，近年在許多人努力下不斷公開的政治檔案，是一類重要的線索。在此，我們將與黃溫恭有直接、間接關係的卷宗，按照年代列出。其中一些已公開檔案可在「國家檔案資訊網」(https://aa.archives.gov.tw)上閱讀；一些則需要申請後才能參閱。無論如何，這些檔案記錄許多珍貴的資訊，是我們在朦朧年代中勾勒黃溫恭與他的同輩們形影的基礎之一。至於如何閱讀政治檔案，可參考春山出版的《政治檔案會說話：自由時代公民指南》一書。

（一）案名：劉特慎等叛亂案

國家檔案局檔號：A305440000C/0040/273.4/43（可線上閱讀）

說明：本案為盧燦圭、朱子慧等人於一九四九年被捕到一九五〇年判決的相關紀錄。訊問筆錄中可見兩人被捕時，並未托出路竹支部的部分成員關係（包括黃溫恭與他介紹的兩位路竹人），還有整個燕巢支部的存在。通過〈迷霧中的偕同之旅〉中，盧燦圭與其他同案者的見證，可以知道本案破獲時間甚早，當時保密局對於高雄市委會乃至於臺灣地下黨的瞭解有限，因此各種主客觀條件下，黃溫恭倖免於此波逮捕，但也使得他往後陷入是否該「自首」的艱困選擇。

（二）案名：黃溫恭等叛亂案

國家檔案局檔號：A305440000C/0044/276.11/17（可線上閱讀）

說明：本案為黃溫恭選擇「自首」後，雖然帶了兩名路竹支部的成員一起辦理手續，卻因燕巢支部日後曝光而被捕的紀錄。裡頭包括訊問筆錄、自白書、起訴書、判決書、核覆過程改判死刑的紀錄，以及槍決前寫下的遺書手稿。此外，本案件還包括黃溫恭、陳廷祥於一九五三年五月二十日槍決後，原本倖免於死刑的許土龍、陳清沂，因其他燕巢人的自首而重啟調查，最後改判死刑、於一九五四年十二月十日槍決的審理紀錄。

（三）案名：匪黨臺灣工委會燕巢支部組織蕭福霖等案

國家檔案局檔號：AA11010000F/0041/FA1.1/00059（需申請調閱）

說明：本案涉一九五二年燕巢支部案件爆發，並牽連黃溫恭被捕的燕巢自首人的相關筆錄。實際上，路竹支部在一九四九年就破壞而只保留少數成員（即黃溫恭、黃金清、馬玉堂），但燕巢支部仍未被發現。此後兩地的成員似乎進入日益不同的活動狀態：路竹支部膽戰心驚，燕巢支部卻到一九五二年春天都還有擴張組織的活動。而已自首的黃溫恭，即是遭受燕巢支部自首者的牽連而重陷風暴。此案是當時相關的一部分紀錄。

（四）案名：吳清興等自首案

國家檔案局檔號：AA11010000F/0042/FD1-1/00068（需申請調閱）

說明：一九五二年燕巢支部案爆發後，陸續有成員或群眾出面自首。這不但種下黃溫恭、陳廷祥於一九五三年槍決的近因；甚至也導致許土龍、陳清祈於原本獲判徒刑後，又於一九五四年重啟調查而槍決的後果。此案包括燕巢地區自首者的部分紀錄。

（五）案名：莊水清等叛亂案

國家檔案局檔號：A305440000C/0045/276.11/9122.35（需申請調閱）

說明：朱子慧槍決後兩、三年（甚至是十年後），他隱匿的一些關係才因為有其他人自首或遭曝光而陷入風暴。朱子慧所任教的三民國校一群老師，於一九五四年捲入另一起案件。其中，三民國校老師、也是高雄中學畢業的莊水清（被捕時已經辭去教職，在家作煤炭商）判處死刑。本書提到的陳德祥、陳雙興也於此案判刑五年。通過這些卷宗間接佐證了盧燦圭的說法——他們在高雄市委會遭破壞時，盡量保護一些成員倖免於曝光，因此他們的身分均未在劉特慎案出現。

（六）案名：高雄縣偵辦逃匪黃諳、張潑、張駕、謝來抱、呂從周、許福能案

國家檔案局檔號：AA11010000F/0043/FC1/00034（需申請調閱）

說明：我們拜訪到第一位曾與黃溫恭在獄中相處者呂碧全，是因為特務要緝捕兄長呂從周未果，因此受牽連入獄。他雖與黃溫恭「同案」，但案情其實沒有關聯。本案則是呂從周當年遭通緝的相關紀錄。

圖輯

黃溫恭於臺南二中的畢業照。他生於一九二〇年，
臺南二中退學後至日本求學。

（本圖輯判決書、公文、領據由國家發展委員會檔案管理局提供，其餘未標示圖片由張旖容提供。）

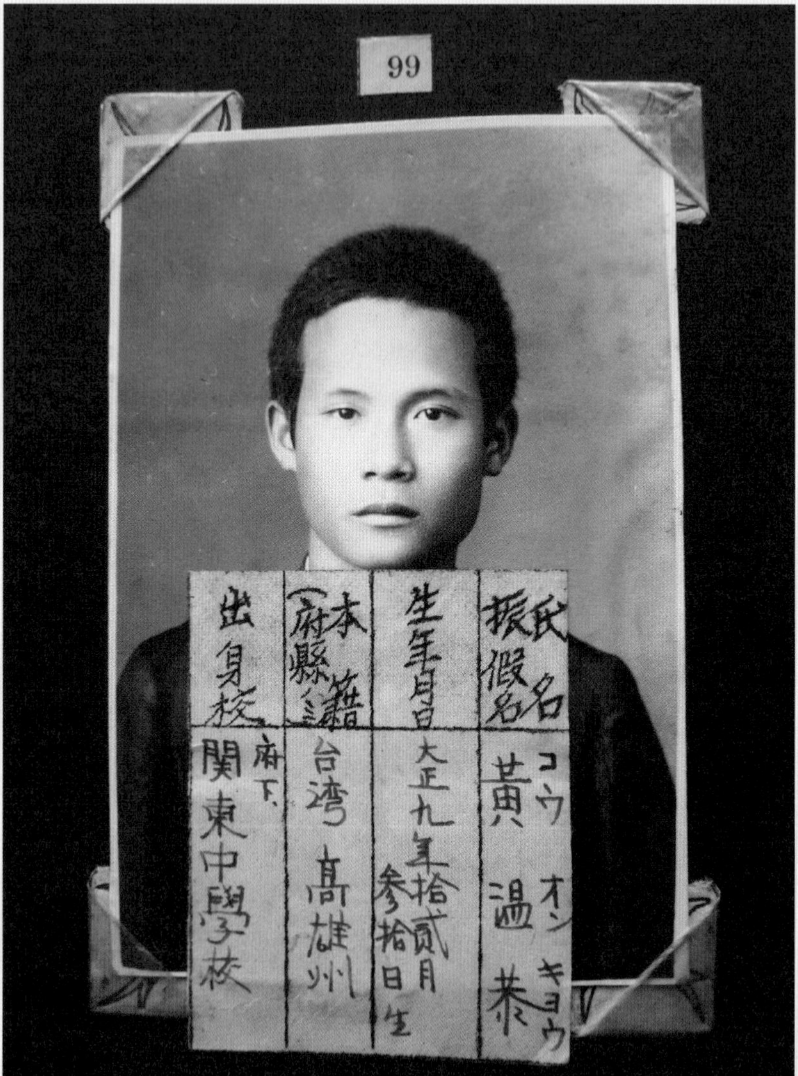

日本齒科醫學專門學校的生活紀念冊內照片

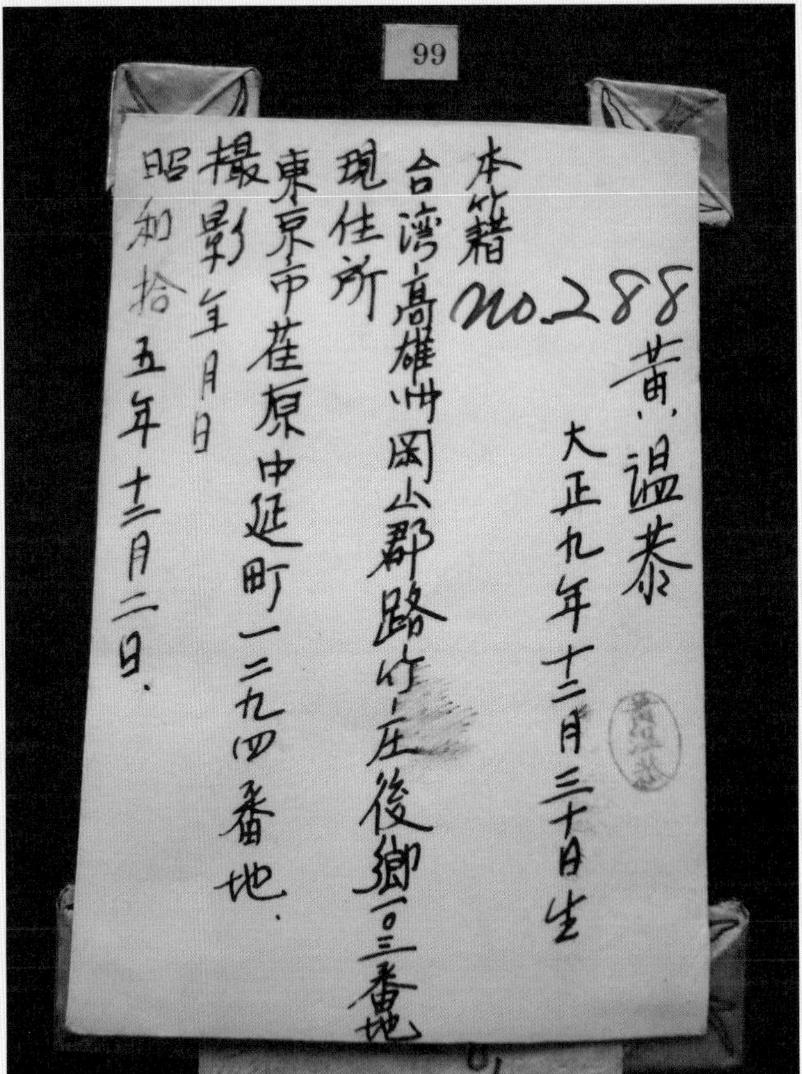

生活紀念冊中照片的背面

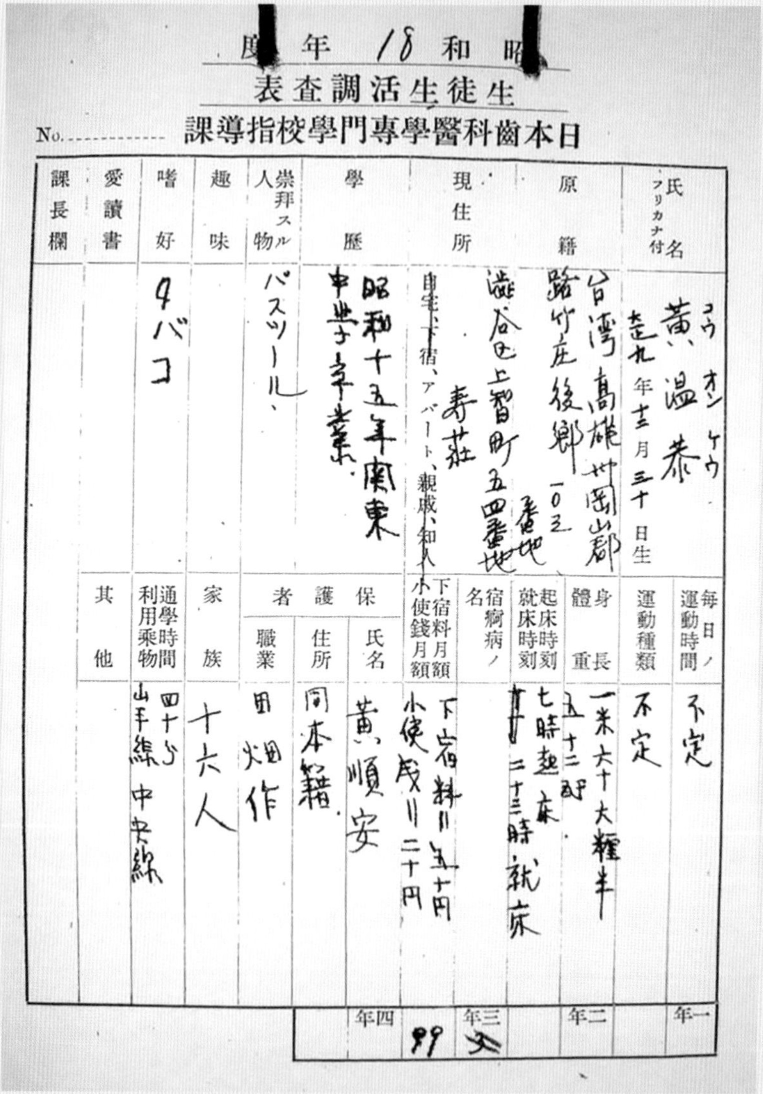

昭和18年度

生徒生活調査表

No. ....

日本齒科醫學專門學校指導課

氏名（フリカナ付）	原籍	現住所	學歷	崇拜スル人物	趣味	嗜好	愛讀書	課長欄
コウ オン ケウ 黃溫恭 大正九年十二月三十日生	台灣高雄州岡山郡路竹庄後鄉一〇三番地	自宅、下宿、アパート、親戚、知人 澁谷区上智町五四番地 壽莊	昭和十五年關東中學卒業	パスツール		タバコ		

每日ノ運動時間	運動種類	身長體重	起床時刻就床時刻	宿痾病名	下宿料月額小使錢月額	保護者氏名	保護者住所	保護者職業	家族	通學時間利用乘物	其他
不定	不定	一米六十六糎半 五十二瓩	七時起床 二十三時就床		下宿料＝五十円 小使錢＝二十円	黃順安	同本籍	田畑作	十六人	四十分 山手線 中央線	

一年		二年		三年		四年	
				文	89		

日本齒科醫學專門學校黃溫恭生活調查表，嗜好是抽菸，崇拜的人物是法國微生物學家巴斯德。

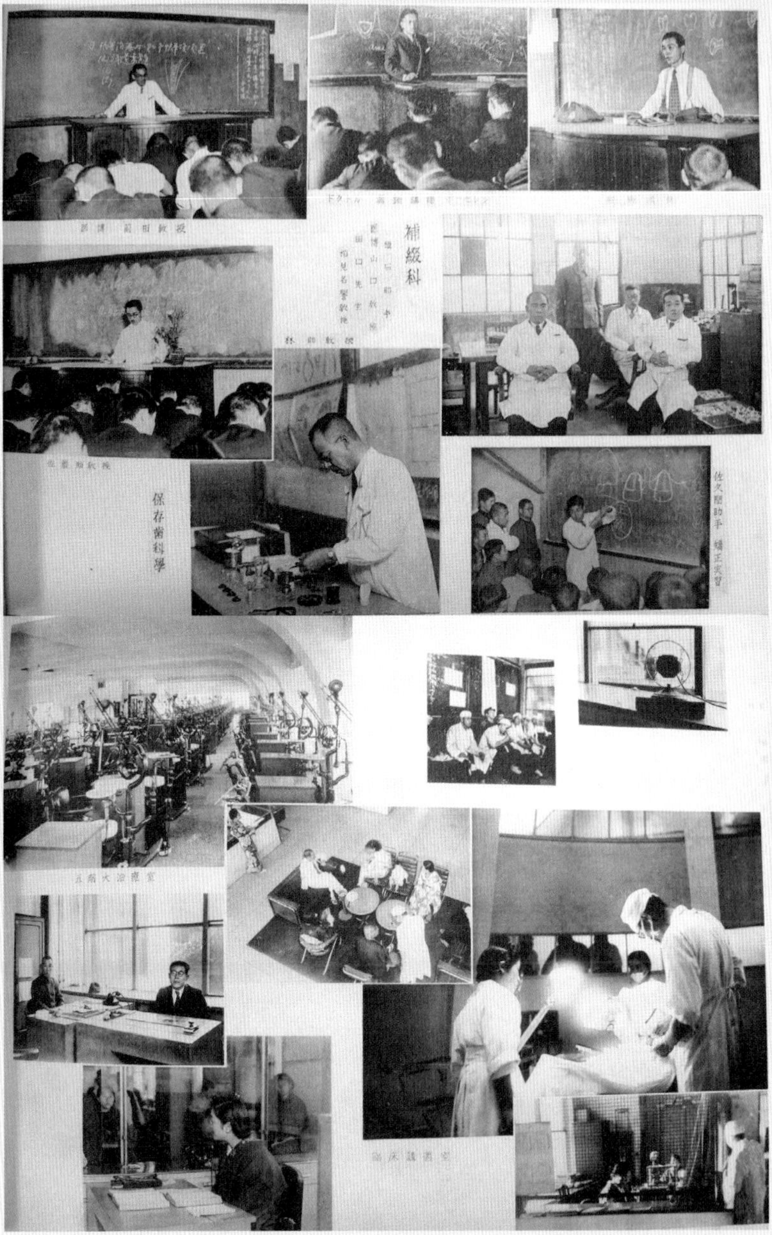

日本齒科醫學專門學校第三十四屆畢業紀念冊收錄，當屆學生的學習環境與任教師資。

①

②

① 日本齒科醫學專門學校第三十四屆畢業紀念冊，黃溫恭（後排左三）與同學合影。黃溫恭畢業後正逢二戰，受日軍徵召赴中國東北擔任關東軍醫官。

② 黃溫恭自中國東北返臺後照片，約攝於一九四七至一九五二年間。

①

②

① 少了黃溫恭的全家福。左一為長子黃大一，右為長女黃鈴蘭，中間為楊清蓮抱著剛出生的黃春蘭。黃溫恭入獄時，黃春蘭尚未出生，他在獄中透過這張照片，第一次見到小女兒。

② 黃春蘭五個月大照片，這是黃溫恭遭槍決前，最後見到她的照片之一。

台灣省保安司令部判決　（42）安度字第〇六九三號

公訴人　本部軍事檢察官

被告　黃溫恭　男年卅三歲高雄縣人住屏東縣春日鄉衛生所業衛生所主任

陳廷祥　男年卅四歲高雄縣人住燕巢鄉[redacted]業燕巢鄉公所民政股長

許土龍　男年四十九歲高雄縣人住燕巢鄉[redacted]業燕巢鄉公所幹事

陳清沂　男年四十三歲高雄縣人住燕巢鄉[redacted]業鄉農會信用部主任

呂碧全　男年十九歲高雄縣人住燕巢鄉[redacted]業岡山中學學生

陳萬燚　男年卅五歲高雄縣人住燕巢鄉[redacted]業鄉農會總幹事

陳廷銓　男年卅五歲高雄縣人住燕巢鄉[redacted]業橫山國校教導主任

蕭明發　男年卅八歲高雄縣人住燕巢鄉[redacted]業鄉農會理事長

陳萬壽　男年五十三歲高雄縣人住燕巢鄉[redacted]業農

黃溫恭的判決書

指定辯護人　本部公設辯護人張元傑

右列被告等因叛亂案件經軍事檢察官提起公訴本部判奉國防部四十二年五月十二日(42)廉龍字第一一〇三號令改判如左

主文

黃溫恭陳廷祥意圖以非法之方法顛覆政府而着手實行各處死刑各褫奪公權終身全部財產除各酌留其家屬必需之生活費外均沒收

許土龍陳清祈參加叛亂之組織各處有期徒刑十年各褫奪公權六年

呂碧全陳萬琳陳廷銓蕭明發陳萬壽各交付感化其期間另以命令定之

事實

黃溫恭於卅八年初在高雄縣路竹鄉由業已被捕之叛徒盧燦圭介紹參加匪黨組織並先後吸收黃金清馬玉堂陳廷祥等參加其組織四十年十一月向屏東縣黨部自首竟不將陳廷祥之組織關係交出陳廷祥於卅八年七八月間由黃溫恭介紹在其家參加匪黨組織先後吸收許土龍陳清祈參加其組織成立燕巢小組自任組長並將匪上級發下之「中共黨史」「光明報」「新大陸」等反動書刊交與閱讀許土龍陳清祈於卅八年八九月間先後由陳廷祥介紹參加匪黨分別閱讀「中共黨史」「光明報」「新大陸」等反動刊物呂碧全思想偏激自卅六年間起經常閱讀「馬克斯入門」「資本論」「滅亡」「新生」等反動書刊陳萬琳陳廷銓蕭明發陳萬壽與在逃之匪幹陳文彬臭味相投於卅六年夏間曾受陳匪文彬之思想教育共同聽講匪「新民主主義」理論事爲本部保安處及內政部調查局台灣

省調查處查悉[illegible]逮捕[illegible]由本部軍事檢察官偵查起訴

理由

被告黃溫恭對於卅八年初由叛徒[illegible]主介入匪黨幷先後吸收黃金濤馬玉堂參加其組織等事實供認不諱惟以陳廷祥僅由其介紹與領導人叛徒老吳認識並非由其吸收所以四十年十一月向屏東縣黨部自首時未將陳廷祥之關係交出等詞為辯解但經訊據陳廷祥供稱卅八年七八月間由黃溫恭介紹我參加匪黨因當時我適鬧婚變心情不佳黃對我說參加匪黨組織可以解決這問題所以我就參加了等語核與其前在內調局台灣省調查處及本部保安處歷次所供相符則陳廷祥之加入匪黨為被告黃溫恭所吸收證據確鑿未能任其狡卸刑責復查該被告於四十年十一月向屏東縣黨部申請自首業經領有本部四十一年一月廿三日所發之審字第零四三八號自首證一枚存案可考該被告於自首時竟不將陳廷祥之組織關係交出獲案後又不坦率自白並且設詞狡展顯屬自首不誠希圖隱蔽組織擴大叛亂應即撤銷其自首依法究辦該被告於參加匪黨之後復先後吸收黃金濤馬玉堂陳廷祥等參加其組織顯已達意圖以非法之方法顛覆政府而着手實行之程度被告陳廷祥對於卅八年七八月間由黃溫恭介紹在其家參加匪黨組織幷先後吸收許土龍陳清祈參加其組織成立燕巢小組並將匪上級發下之「中共黨史」「光明報」「新大陸」等反動書刊除自閱外並交許土龍陳清祈等閱讀之事實自供不諱但不承認其為匪燕巢小組之組長惟查該被告前在內調局台灣省調查處及本部保安處均供明其為匪燕巢小組之負責人核與被告許土龍陳清祈在本庭所供情節相符事證明確不能任其狡卸該被告於加入以顛覆政府為目的之朱毛匪

幇組織之後復吸收被告許土龍陳清祈參加其組織並負責領導教育企圖擴大叛亂亦顯已觸犯意圖以非法之方法顛覆政府而着手實行之罪均應依法處以死刑褫奪公權終身全部財產除各酌留其家屬必需之生活費外均沒收被告許土龍陳清祈於卅八年八九月間先後由陳廷祥介紹參加匪黨之後除分別閱讀「中共黨史」等反動刊物外並未爲匪工作迭據被告等自白歷歷核與被告陳廷祥所供暨本部保安處調查情形均相吻合各應依參加叛亂之組織罪論處被告呂碧全對於自卅六年間起經常閱讀「馬克斯主義入門」「資本論」「滅亡」「新生」等反動書刊迭據供認不諱且有其親筆摘錄之讀書心得紙條附卷可證其思想偏激無可諱言被告陳萬琳陳廷銓蕭明發陳萬壽對於與在逃之匪幹陳文彬臭味相投在卅六年夏間嘗受陳匪文彬之思想教育共同聽講匪「新民主主義」之荒謬理論等事實均矢口否認被告陳萬琳並以我於卅五年至卅六年九月間止在岡山中學當教員暑假期間亦未回燕巢鄉卅六年夏並未與陳匪文彬共處當時岡山中學校長葉昭彬及鄰居教員蕭海永均知道等詞爲辯解經傳葉昭彬蕭海永到庭結證該陳萬琳是於卅六年七月岡山中學與高雄第三中學合併改稱省立岡山中學時去職是該陳萬琳之辯詞與事實不符無可採取經查該被告陳萬琳陳廷銓前在內政部調查局台灣省高雄站偵訊時均已供承有於卅六年夏間在陳匪文彬處與蕭明發陳萬壽許土龍陳廷祥等共同聽受陳匪文彬講解匪「新民主主義」理論之事實核與陳廷祥許土龍前在該站之供述及許土龍之自白書相符事實堪以認定未便任其事後空言翻異被告蕭明發陳萬壽雖始終對於聽受陳匪文彬講解匪「新民主主義」理論之事實堅不吐實但據陳萬琳陳廷銓供證明確復有許土龍之

供述及自白書可據要難任其空言狡展推查被告呂碧全陳萬鍬陳廷銓蕭明發陳萬壽尚無參加匪幫組織或為匪工作及明知陳文彬黃溫恭陳廷祥許土龍陳清祈等為匪諜之事證僅呂碧全閱讀反動書刊陳萬鍬陳廷銓蕭明發陳萬壽受匪陳文彬之思想教育呂碧全顯然思想偏激陳萬鍬等亦受有匪化毒素但情節尚屬輕微應各交付感化以資矯正感化期間另以命令定之

據上論結應依刑事訴訟法第二百九十一條前段懲治叛亂條例第二條第一項第五條第八條第一項第十條後段第十二條刑法第卅七條第一項第二項戡亂時期檢肅匪諜條例第八條第一項第二款判決如主文

本案經軍事檢察官甘勵行蒞庭執行職務

中華民國四十二年五月十四日

台灣省保安司令部軍事法庭

審判官 海緩蓀 印

書記官 魏俊生

右正本證明與原本無異

中華民國四十二年五月十六日

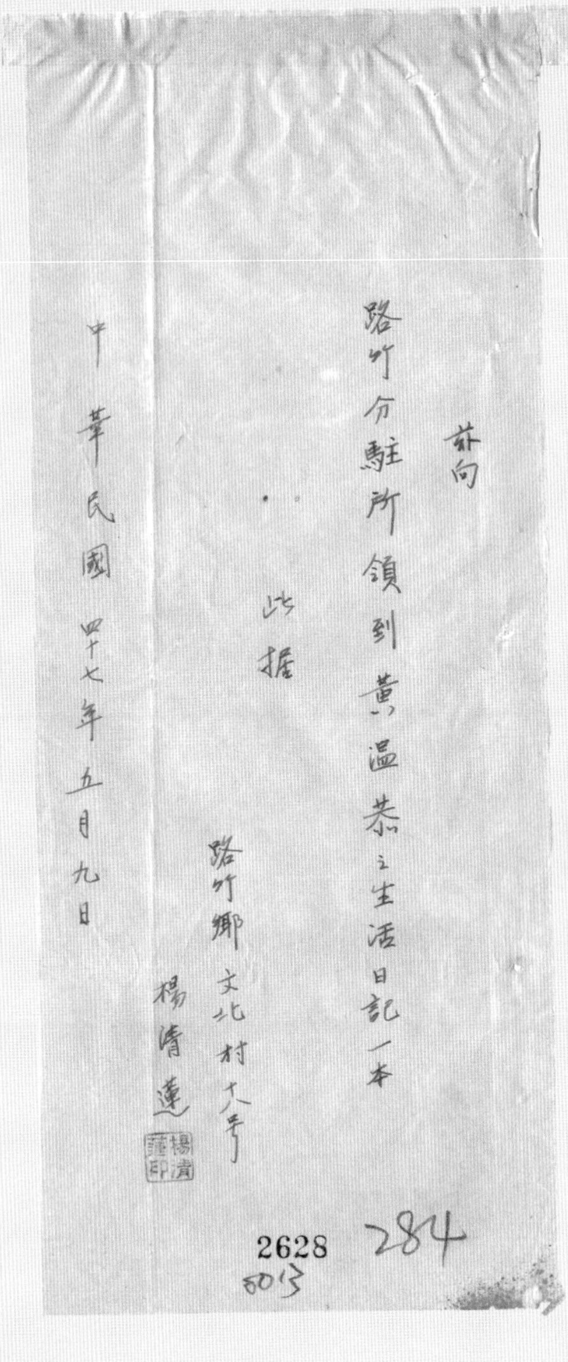
茲向
路竹分駐所領到黃溫恭之生活日記一本
此據
路竹鄉文北村十八号
楊清蓮
楊清蓮印
中華民國四十七年五月九日
2628
284

楊清蓮曾至路竹分駐所領取黃溫恭的日記，但此日記現已不知去向，內容寫了些什麼，也許只有楊清蓮知道。

原件附判決書呈

核

呈參軍長閱

永清

上簽叛亂案陳廷祥等九名均台省高
雄人分業縣鄉級公教人員或學生陳
犯等四名均三十七三十八年間加入匪党組
組陳與黃温恭二名均有為匪工作之事
實但黃曾據自首餘呂碧全等五名
均因閱讀反動書刋思想左傾經内政
部調查局偵悉犯情於四十一年九月將
該犯等先後逮捕偵办解送台省保安
司令部判決檢同卷判呈經周總長核
轉請示如上卷十三宗存備調閱　謹註

擬辦

(一)經核本案陳廷祥一名處死刑黃温恭

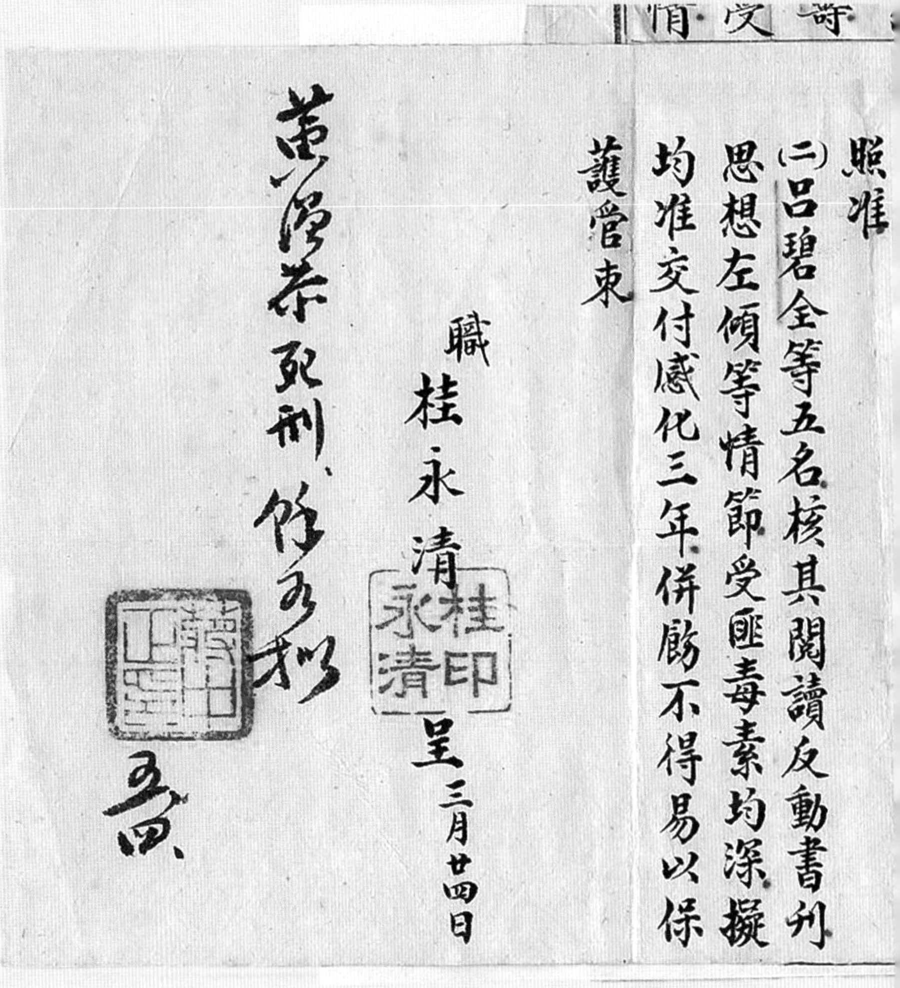
照准
(二)呂碧全等五名核其閱讀反動書刊
思想左傾等情節受匪毒素均深擬
均准交付感化三年併飭不得易以保
護管束
職
桂永清
桂永清印
呈
三月廿四日
黃溫恭死刑、餘如擬
五西

蔣介石改判公文。桂永清上呈的公文原建議黃溫恭判刑十五年，左側可見蔣介石題字「黃溫恭死刑，餘如擬」，及蔣中正印。

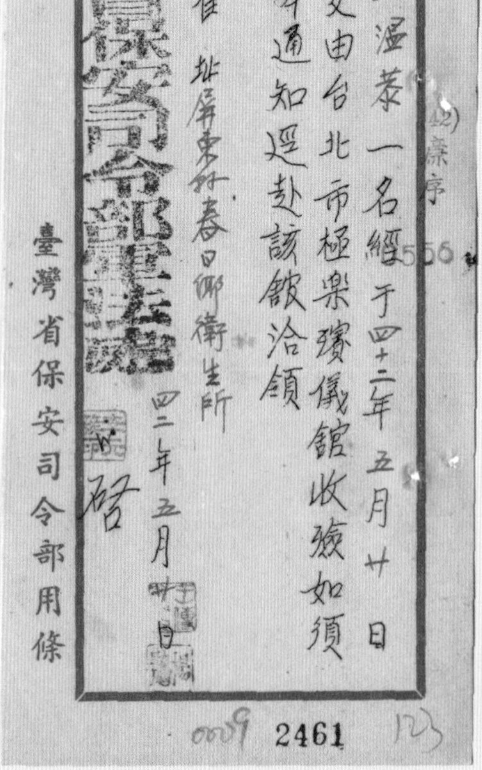

查叛亂犯黃溫恭一名經于四十二年五月廿日
執行死刑屍體交由台北市極樂殯儀館收殮如須
領回希剋日持本通知逕赴該館洽領
右通知
黃溫恭家屬
住址屏東縣春日鄉衛生所
臺灣省保安司令部
四二年五月廿日
臺灣省保安司令部用條
啓
(42)條序556
2461

②

①

① 黃溫恭槍決前照片。他於一九五三年五月二十日清晨命喪馬場町。
② 黃溫恭遭槍決後，臺灣省保安司令部的領屍通知。

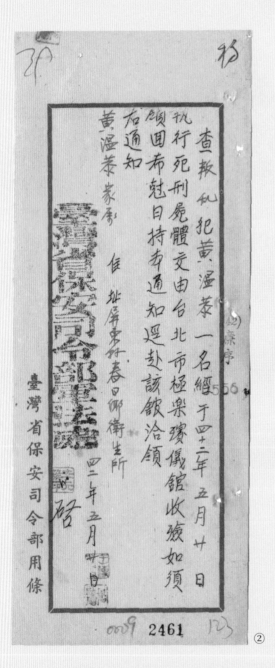

黃溫恭在高雄路竹的老家

黃春蘭在高雄路竹老家門前

①

②

① 黃溫恭的父親黃順安，在路竹開立中醫館順安堂。
② 順安堂內仍留有當年的中藥材櫃

①

②

① 考上大學的黃家子孫照片，掛在老家牆上。
② 黃順安考取到中醫執照時，獲贈的祝賀匾額。

張旖容和伴侶到六張犁墓區拍婚紗照，裙襬下的球鞋，充分顯現她勇往直前的個性。（林傳凱攝）

張旖容在政治受難者墓碑前獻上白玫瑰

位於六張犁的政治受難者墓區，有許多墓碑上未有姓名，僅有槍決日期。

張旖容和伴侶在六張犁墓區與馬場町紀念公園，與「前輩們」分享人生大事。

黃溫恭的小女兒、張旖容的媽媽黃春蘭，退休後積極參加政治受難者及轉型正義相關活動，她在名片上貼上「白色恐怖受難者黃溫恭之女」。

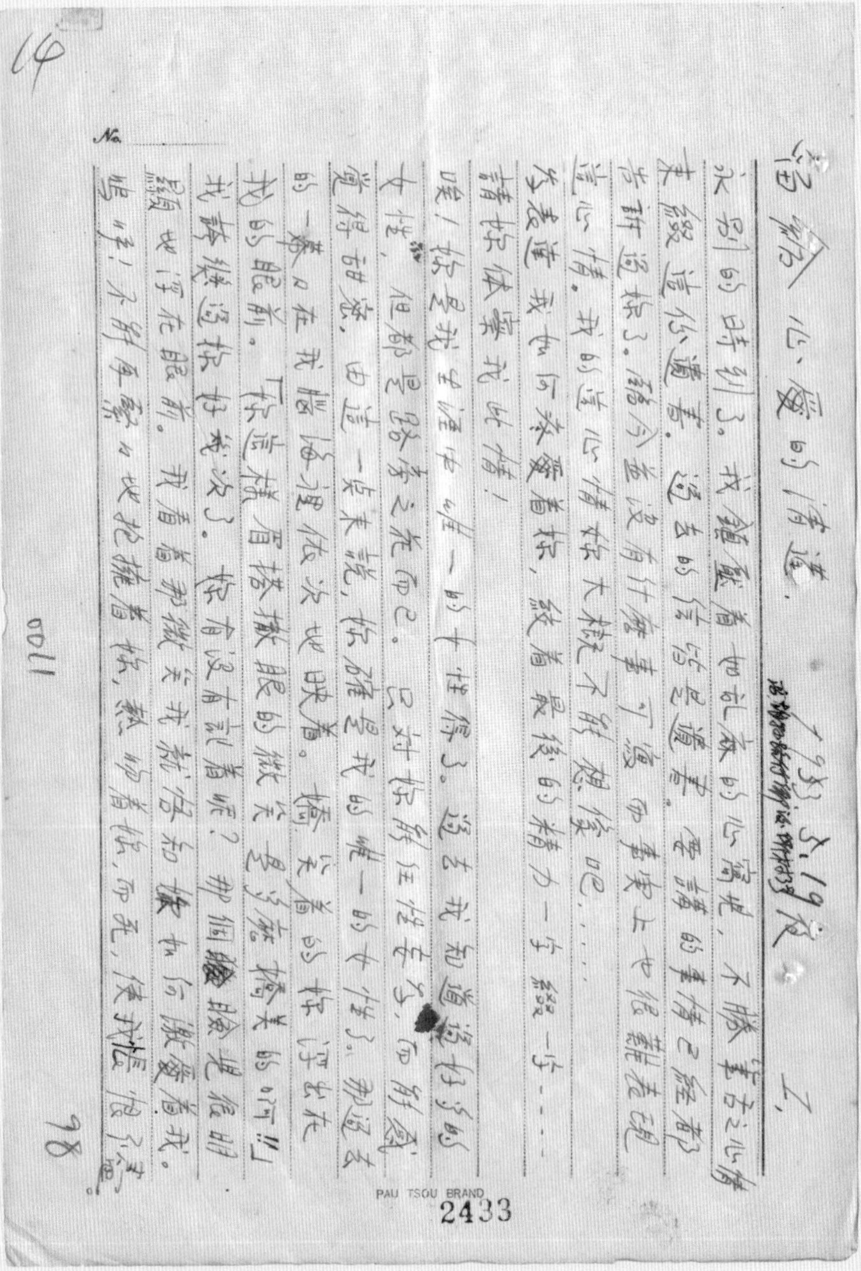

給心愛的清蓮。　1953.5.19夜

永別的時刻到了。我鎮靜着也亂紊的心寫此,不勝千言之心情來綴這份遺書。過去的信說是遺書,要講的事情已經都告訴過你了。雖今並沒有什麼事可寫,而事實上也很難表現這心情。我的這心情你大概不能想像吧……

為了表達我也同樣愛着你,祇有最後的精力一字綴一字——

請你体諒我此情!

唉!你是我生涯中唯一的女伴侶了。過去我知道好多的女性,但都是路旁之花而已。只對你能任性去了,而能感覺得甜蜜。由這一點來說,你確是我的唯一的女性了。那過去的一幕幕在我腦海裡依次地映着。嬌羞着的你浮出在我的眼前。你這樣眉搭搭眼的微笑是多麼嬌美的啊!!我誇獎過你好幾次了。你有沒有記着呢?那個臉兒很明顯地浮在眼前。我看着那微笑我就覺得你如何激愛着我。嗚呼!不能再親口地把擁着你,熱吻着你,而死,使我很很遺

PAU TSOU BRAND 2433

黃溫恭寫給妻子楊清蓮的遺書

2.

無奈只抱着妳的幻影，我孤ㄖ單ㄖ地赴死而去了。
我要把两三朵，奉蓮給最親愛的妳，来表現我的誠意。
蓮！我是如何熱愛着妳啊……這是妳所知道的。踏碎了
妳的青春而不能報答，先去此世……唉！我辜負妳太甚了！
比例着愛情的深切感覚得慚愧……
蓮！我臨於此時懇ㄖ切ㄖ地希望妳好ㄖ的再婚。希望妳
把握着好对手及機會，勇敢地再婚吧！万一不幸，沒有碰
到好对手，好機會，亦为環境等而不能再婚的時候，妳也
不必過着硬心，寂寞的灰色的生活。我是切ㄖ祈祷着妳
過着幸福，快樂的生活。總而言之，妳須要邁進着妳
自己相信最幸福的道路才好。過去的信我有寫過好幾
次了「妳的生活一切應於是子們为中心」。蓮，這絶不是我的
本意。我很清楚這对妳是很苛酷的。我自被捕時就
知道一定沒有生命的。所以告訴過妳好幾次了。「我一定要麻菜」

マツツアイ

0012

99

2434

PAU TSOU BRAND

15

当時，我馬上應該要和你離婚，再婚，但因信的
檢查嚴密，不能如意奉告罷了。我相信無妨在這最
後的一封信吐露實情以告訴你……
日本諺言有「子無親也能育」(親無しとて子は育つ。)你的
再婚对兒子們我相信不會發生什麼多大的惡影響吧。
後天性当然是很重要，但我相信先天性是更重要的。
我知道兒子們的先天性都很好，所以關於他們我
並沒有抱什麼煩惱，掛慮。我確信兒子們的將來
是非常光明燦爛的。他們是我最疼愛的兒子們，同
樣也对於你也是可愛的兒子們。所以我相信，無論
如何，你又時能惠賜他們必要之援助。還！等待
他們長大的時候，將給他們的遺書交給他們，很詳
細地告訴他們，我是如何疼愛着他們和何等切實地
希望他們成為社會最有用的人材。

4.

心愛的蓮！我奉告你最後唯一的忠告。懇請你一定採納。「眼光須要放大，本末不可顛倒！」你的致命的缺点在這裡。給你向上進步，使你享受幸福的最大的障碍就是在這裡。蓮！你想一想關於這一点你和我吵論幾次啊？最近你的信（42.2.17）「…請您不要講了那無視了經濟的話了，我看信很生氣了，請暫時讓我再到春日吧，想來想去還是到春日比較好……」狂人之譫語也不會比這樣利害。嗚呼！馬鹿不死不治……（馬鹿は死ななければなおらない。）42.4.14的信「天天遇到熟人……真沒有面子了……我的胸囊天天都是塞悶的很……」对於你的精神病，低脳，我实在再也沒有辦法，沒有話講的…… 蓮！你甘心破壞我最重要的聽診器的時候，可以說我已經被你殺死了一樣的。那個痛楚到現在還不能忘記，依然攻刺着我的心窩兒……你春日時代狂暴的行為，在我們之間招致無法彌補之裂痕。

0014

101

17

2436

PAU TSOU BRAND

請妳替我向大家道謝生前之愛顧，大家對我極好無比的，我相信此後他們對妳也一定能續很好的。非常感謝也祝福他們的康樂！祝福兒子們的健康！無止境的進步！祝福妳的青春永存！幸福！快樂！我這拚命的祈願確信一定能達到的。

我的死屍不可來領。我希望寄附台大醫學院或醫學人員訓練機關。我學生時代實習屍体解剖學得不少的醫學知識。此屍如能被學生們解剖而能增進他們的醫學知識，貢獻他們，再也沒有比這有意義的了。以前送回去的兩顆牙齒，可以說就是我的死屍了。遺品也不必來領。沒有什麼貴重值錢的，予它全部送給難友們。謝謝妳的飯包、錢、及信。對不起。

嗚呼！最後的時間到了…也緊緊擁抱着妳的幻影我冥目而去….

再給我吻一回！喊一聲！清蓮！

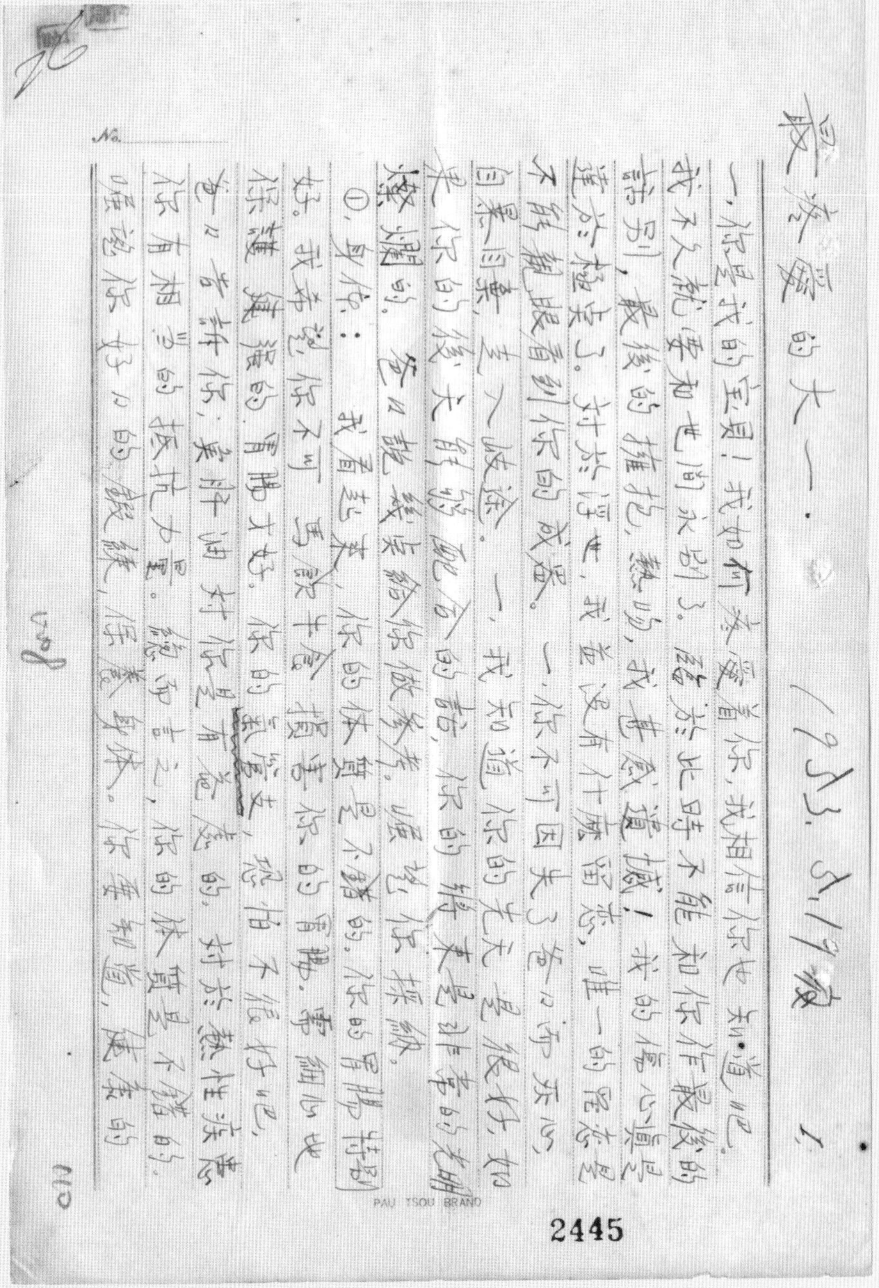

黃溫恭寫給兒子黃大一的遺書

身体是人生唯一的資本。

②，性質： 你的性質也不錯。你的運動神經雖然不大靈敏，但你的膽量很大。你對任何某一件事都很容易發生興趣，這是你的特長，但是卻很快就感到疲倦，這是你的短處。熱情當然是應該有的，可是始終不變的有恆的毅力是更為寶貴重的。關於認錯 你是相當坦白。這是很重要的。不二過 這一点是更重要的。是以希望你時常自己檢討，反省，発現自己的錯誤，及要於接受他人之批評，勇於承認錯誤，改進錯誤，須要抱着求知慾望的精神，不斷地求進步。

③，才能： 你的智能也不錯。尤其是記憶力是特別好。但是數學之智能相当差。關於這一点是以希望你多加努力來補救。推理力，應用力也差不多。但觀察不大詳細。是以告訴你，對事物的看法，眼光當然要遠大，可是觀察是須要詳細的。如果你的數學的之頭腦有辨法的話，我相信你適合做工程師。

爸爸希望你做一個最能幹最有用的土木工程師，這是爸爸偏面的夢想而已，不必勉強照這樣。職業的選擇，對於那一個人都很重要的。我的失敗可以說選擇職業的錯誤而來的。我不應該做医師而應該做礦山工程師的。前車之覆轍可鑒。爸爸希望你徹底的檢討你自己的性質，才能，好好的選擇最適當的職業，向這個職業勇往邁進。

一，媽媽養育你是多麼苦的呀！她是很可憐的人。她和我結婚只有五年，其間我是窮的不得了。物質上，精神上，一切她一向都未能享福。失了我以後她獨力養育你們兄妹是多麼吃力的呀！我希望你們做好孩子，聽媽媽的話，你是大哥，須要做兩個妹妹的好榜樣。感謝媽媽，安慰媽媽，幫忙媽媽，如果你們兄妹能夠做好孩子，我相信媽媽一定拼命的愛顧你們。媽媽是你們的，你們應該好好的奉侍媽媽。

一，爸爸現在的心情你大概不能想像吧……

4.

我的心亂亂如麻，痛楚得如刺，如割，……一切都要完了……
過去的一幕々在腦海裏依次地映着……把你在路竹遊玩的
街道……在春日和你餵雞，鴨，……一塊兒吃木瓜，甘蔗，鳳梨
等水果……一塊兒遊玩的山坡……杨桃，水蓮霧……你最
高興回去的家鄉……嗚呼！一切都如夢一樣的……
兒童心理学明々有記載，教育上不可打，可是因為修養不够
爸々打你好幾次……你有沒有恨爸々呢？到今還
記着，並且內心苦悶着……1952年6月下旬因発脾氣要
打媽々先手打到你右頭頂部，那個瘢痕是永久不會消滅的，
同樣的我的罪悪也不會消滅的。—，你能不能原諒你可憐的爸々啊？
最後的時間到了。我希望你成為銘一樣有用的人材。爸々很
誠懇地呼喊祈祷你的健康！快樂！進步！我幻想着20年後
成人的你的偉姿瞑目而去了……我的宝貝！阿一！阿一！

No.

JOLl

113

PAU TSOU BRAND

2448

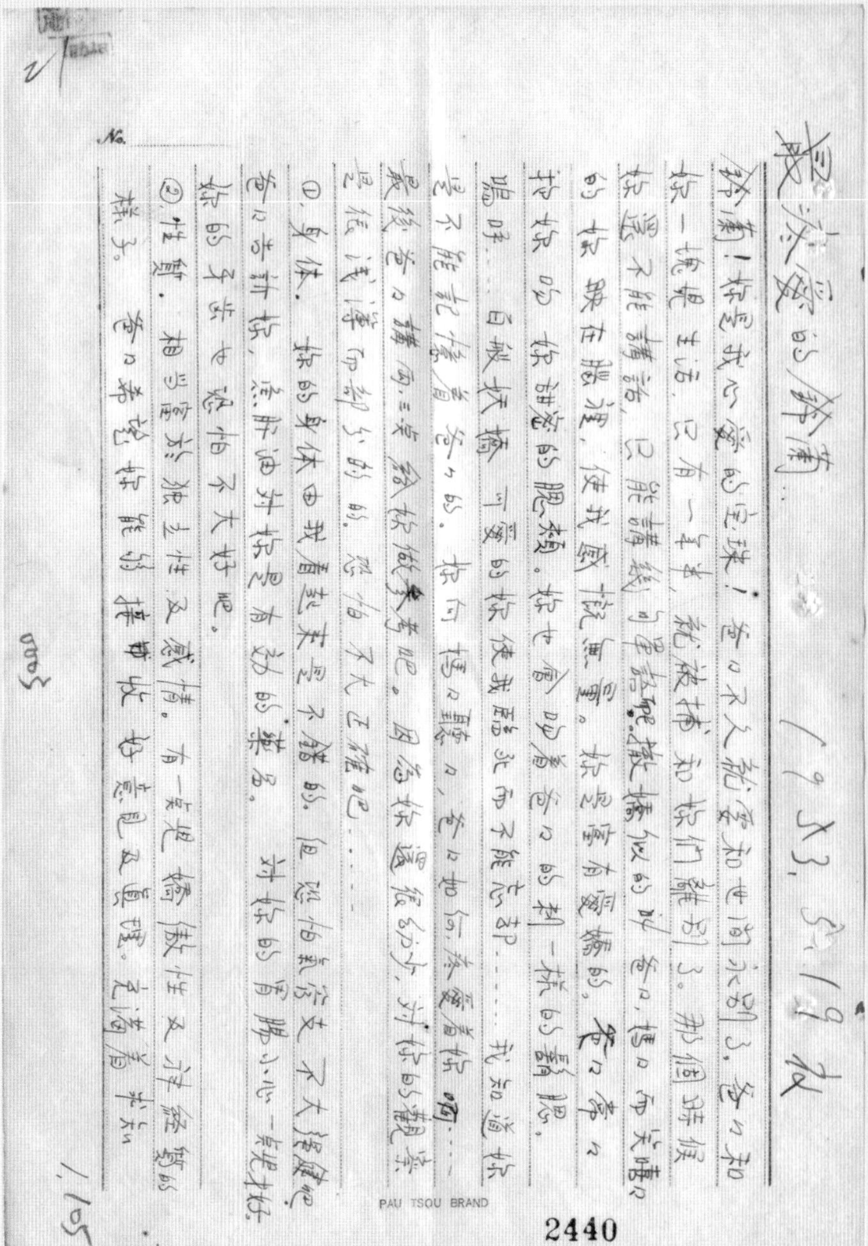
No.

親愛的鈴蘭： 1953.5.19 夜

鈴蘭！妳是我心愛的寶珠！爸爸不久就要和世間永別了。爸爸和
妳一塊兒生活只有一年半，就被捕和妳們離別了。那個時候
妳還不能講話，只能講幾句單語。撒嬌似的叫爸爸、媽媽和[illegible]
的。妳跟在腿旁，使我感到[illegible]。妳是富有愛嬌的。爸爸拿着
抱妳吻妳甜蜜的臉頰。妳也會吻着爸爸的[illegible]一樣的鬍腮。
鳴呼……自被抓捕，可愛的妳使我離我而不能忘卻……我知道妳
是不能記憶着爸爸的。妳向媽媽聽，爸爸也何等愛着妳啊……
最後爸爸講兩三點給妳做參考吧。因為妳還很幼小，對妳的觀察
是很淺薄而卻少的的。恐怕不大正確吧……
①身体。妳的身体由我看起來是不錯的。但恐怕抵抗力不大強健吧。
爸爸告訴妳，[illegible]肝油對妳是有効的藥品。對妳的胃腸小心一點兒才好。
妳的牙齒也恐怕不大好吧。
②性質。相當富於[illegible]性及感情。有一點兒嬌傲性及神經質的
樣子。爸爸希望妳能夠擇中成好的意見及道理。[illegible]

PAU TSOU BRAND

2440

黃溫恭寫給女兒黃鈴蘭的遺書

No.

渴望的精神不斷地求進步！

③才能。妳的耳朵大概不錯吧，觀察事物相當正確的樣子。
妳的運動神經相當靈敏。

以上由我的淺薄的觀察，推察來綜合，妳的先天是很好的。
如果妳的後天能夠配合的話，妳的將來是未可限量的。

有一天爸々夢着妳成為很有名的大音樂家。唉！如果能照這
夢的話是多麼好的啊！……

鈴蘭花是世上最高潔，最清香，而最可愛的花兒。而且，鈴蘭花的
根是很優良的強心劑。爸々很虔心地祈禱妳和鈴蘭花一樣
美麗可愛，清香高潔，而心臟強壯。我相信，我這最後的念願
一定能達到的。妳一定能這樣的。

鈴蘭，妳不可因為失了爸々而灰心，自暴自棄，走入歧途。爸々囑望
妳好々的聽媽々的話，成為能夠多々貢獻社會的人材。
失了爸々以後，媽々的精神上，物質上，一切的生活都一定很困苦的。

爸々希望妳多々幫忙媽々，安慰媽々，感謝媽々。絕對不可給
媽々煩惱、麻煩。妳們兄妹，互相要鼓勵，協助，團結才好。
鈴蘭，爸々的話是說不盡的。爸々的腦裡是和颶風一樣的。
心意是如刺，如刺，如刺，如緞一樣的。嗚呼！一切都快要完了。
世上一切都是空虛啊！話說此時不能和妳作最後的話別，
最後的擁抱，熱吻，甚感遺憾，長嘆不盡……爸々的這心情
妳大概不能想像吧……
最後的時間到了。爸々抱擁著20年後的，長髮的偉大的
妳之幻影，吻著妳的幻影，要目耶去了……
給爸々最後的一吻吧！我的鈴蘭！

PAU TSOU BRAND

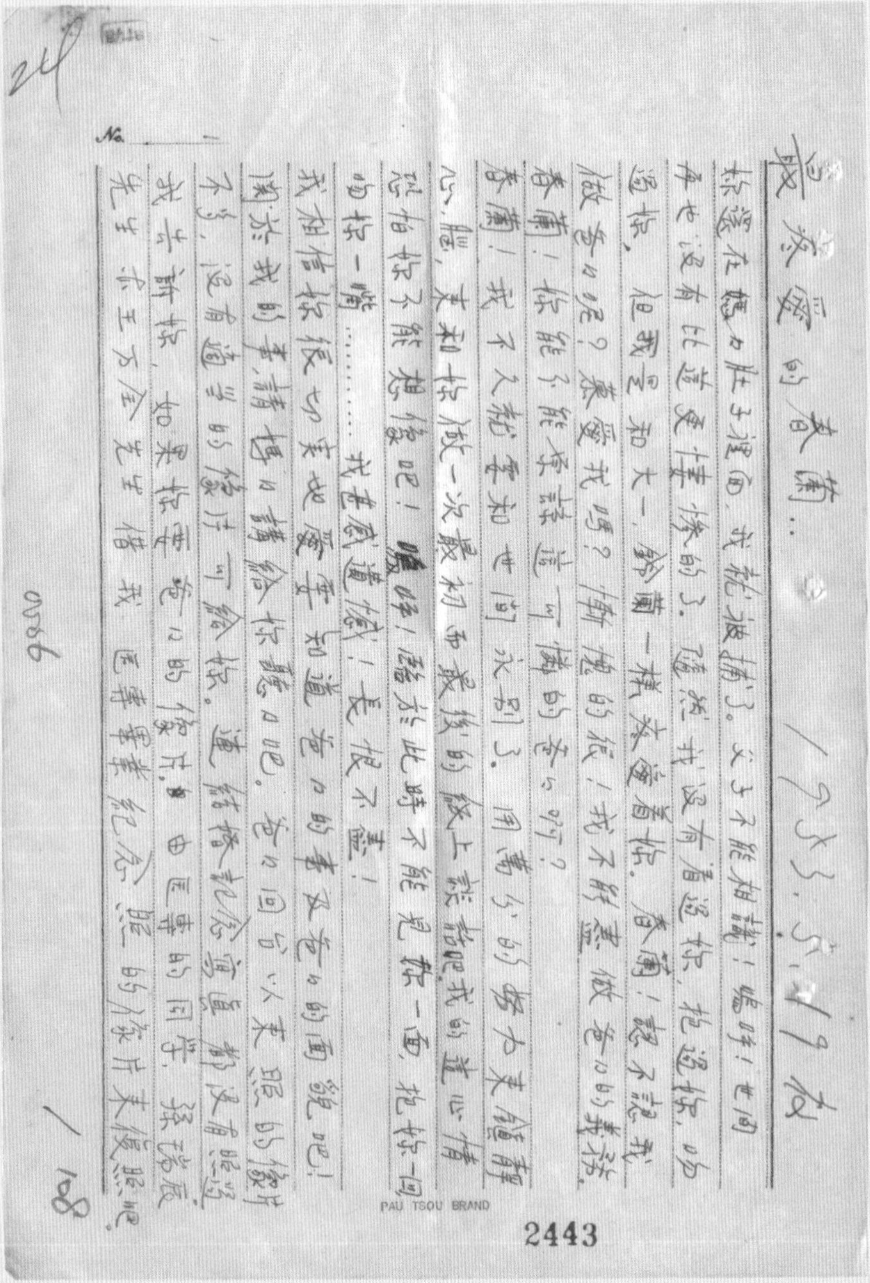
最疼愛的春蘭：　1953.5.19夜

妳還在媽媽肚子裡面，我就被捕了。父子不能相識！嗚呼！世間再也沒有比這更悽慘的了。雖然我沒有看過妳，抱過妳，吻過妳，但我是和大一、鈴蘭一樣疼愛着妳。春蘭！認不認我做爸爸呢？慕愛我嗎？慚愧的很！我不能盡做爸爸的義務。春蘭！妳能不能原諒這可憐的爸爸啊？

春蘭！我不久就要和世間永別了。用萬分的努力來鎮靜心膽，來和妳做一次最初而最後的紙上談話吧。我的這心情恐怕妳不能想像吧！嗚呼！臨於此時不能見妳一面，抱妳一回，吻妳一嘴……我甚感遺憾！長恨不盡！

我相信妳很切實地要知道爸爸的事及爸爸的面貌吧！關於我的事，請媽媽講給妳聽吧。爸爸回台以來照的像片不多，沒有適當的像片可給妳。連結婚紀念寫真都沒有照過。我告訴妳，如果妳要爸爸的像片，由醫專的同學，孫瑞辰先生或王萬全先生借我醫專畢業紀念照的像片來複照吧。

2443

黃溫恭寫給女兒黃春蘭的遺書

那相片有兩張，一張是穿制服戴角帽，一張是穿西裝。
春蘭！如果可能的話，爸々希望妳做頂好的律師。這是爸々片面的妄想而已。可能的話是萬分湊巧的。但不可能的話，那不必勉強照這樣。
爸々相信妳的身體，性質，頭腦都很好。我相信妳的將來一定是光明燦爛的。春蘭！妳不可因失了爸々而灰心自暴自棄，走入歧途。爸々希望妳，克難，努力，成為社會最有用的好人材，過着愉快而有意義的人生。
爸々囑望妳好々的聽媽々的教訓，和，哥々，姊々要互相勉勵，協力。充滿着求知渴望的精神日日求進步。
爸々非常懇誠地祝妳，健康！美麗！愉快！及無止境的進步！
嗚呼！離別的時間到了。連喊着妳的名 春蘭，春蘭，春蘭…… 爸々冥目而去了。

Voice

春山之聲 053

春日的偶遇——白色恐怖、我的阿公黃溫恭與家族記憶追尋

作　　者　張旖容、林傳凱
圖片授權　張旖容、林傳凱、國家發展委員會檔案管理局
總 編 輯　莊瑞琳
責任編輯　莊舒晴
行銷企畫　甘彩蓉
業　　務　尹子麟
封面插畫　周芳聿
封面設計　丸同連合 UN-TONED Studio
內頁排版　張瑜卿
法律顧問　鵬耀法律事務所戴智權律師

出　　版　春山出版有限公司
地　　址　116臺北市文山區羅斯福路六段297號10樓
電　　話　(02) 2931-8171
傳　　真　(02) 8663-8233

總 經 銷　時報文化出版企業股份有限公司
地　　址　桃園市龜山區萬壽路二段351號
電　　話　(02) 2306-6842

製　　版　瑞豐電腦製版印刷股份有限公司
印　　刷　搖籃本文化事業有限公司
初版一刷　2023年11月
定　　價　420元
I S B N　978-626-7236-59-8（平裝）
　　　　　978-626-7236-64-2（EPUB）
　　　　　978-626-7236-63-5（PDF）

本書寫作計畫獲得二〇一九年文化部青年創作補助

國家圖書館出版品預行編目（CIP）資料

春日的偶遇：白色恐怖、我的阿公黃溫恭與家族記憶追尋／張旖容，林傳凱著
__初版．__臺北市：春山出版有限公司，2023.11
__面；14.8×21公分．__（春山之聲；53）
ISBN 978-626-7236-59-8（平裝）
1.CST：白色恐怖　2.CST：政治迫害　3.CST：家族史
733.2931　　112015943

春山出版

填寫本書線上回函

EMAIL　SpringHillPublishing@gmail.com
FACEBOOK　www.facebook.com/springhillpublishing/

All Voices from the Island

島嶼湧現的聲音